Petit traité de simplicité pour les femmes

CLAUDINE TROTTIER

Petit traité de simplicité pour les femmes

BÉLIVEAU
★
é d i t e u r

Montréal, Canada

Conception et réalisation de la couverture: Christian Campana
Illustration de la couverture: iStockphoto

Dépôt légal: 3e trimestre 2010
Bibliothèque et Archives nationales du Québec
Bibliothèque et Archives Canada

ISBN 978-2-89092-463-5

 BÉLIVEAU
★
é d i t e u r

5090, rue de Bellechasse
Montréal (Québec) Canada H1T 2A2
514-253-0403 Télécopieur: 514-256-5078

www.beliveauediteur.com
admin@beliveauediteur.com

Gouvernement du Québec — Programme de crédit d'impôt pour l'édition
de livres — Gestion SODEC — www.sodec.gouv.qc.ca.

Nous reconnaissons l'aide financière du gouvernement du Canada par
l'entremise du Programme d'aide au développement de l'industrie de
l'édition pour nos activités d'édition.

IMPRIMÉ AU CANADA

Je dédie ce petit traité à toutes les femmes
qui rêvent du jour où leur vie
sera plus simple…
tout simplement.

Table des matières

Remerciements

Un merci tout spécial à un homme qui l'est tout autant: merci, Bill, d'ensoleiller ma vie et de m'entourer de ta gentillesse et de ton enthousiasme contagieux. Je t'aime.

Merci à toute l'équipe de Béliveau Éditeur. Un merci particulier à Mathieu pour la confiance dans ce projet. Même si j'étais une illustre inconnue au point de départ, il a cru en la justesse et la pertinence de mes propos, en toute simplicité...

Préface

Combien de personnes se compliquent la vie inutilement? Combien de personnes encombrent leur vie de choses inutiles? Combien de personnes se plaignent de manquer de temps, d'argent, d'avoir trop de choses à entretenir ou à faire réparer? Combien de personnes s'entêtent à assister à des soirées mortellement ennuyantes et à fréquenter des gens qui leur empoisonnent l'existence? Combien, oui, COMBIEN? Si je vous demandais de lever votre main, vous le feriez peut-être honteusement!

Heureusement, à partir de maintenant, vous n'avez plus à SUBIR! Vous détenez entre les mains un petit guide merveilleux truffé de conseils pratiques, d'idées sympathiques, applicables immédiatement, qui vous permettront dorénavant de CHOISIR! Oui, choisir ce qui est le mieux pour vous, FAIRE LE GRAND MÉNAGE de votre vie, nettoyer votre existence de toutes les petites et grandes choses qui vous indisposent!

Ce guide n'est pas un livre ordinaire. Pour connaître personnellement l'auteure (je partage simplement sa vie !), je peux vous assurer qu'elle vous livre ici des idées qu'elle a su mettre en pratique au cours de son existence afin de s'assurer une meilleure qualité de vie. La simplicité dont elle parle dans ce livre n'en est pas une qui demande de renoncer aux belles choses ou de se priver de tout, c'est plutôt de CHOISIR ce qui est vraiment important pour vous, ce qui fait briller vos yeux et ce qui réchauffe votre cœur.

Preuve à l'appui, Warren Buffet, un des hommes les plus riches de la planète, vit encore dans la demeure qu'il avait achetée dans les années 1950 pour la modique somme de 30000 $ et il s'y trouve très heureux !

Chose certaine, à travers chacune des pages, Claudine réussit à nous faire sourire, à nous faire réfléchir, afin de nous aider à mieux nous organiser, à simplifier notre vie et à mettre l'accent sur ce qui importe vraiment ! Merci, Claudine, pour ces trésors d'idées !

Après cette lecture, vous vous sentirez riche et rempli de gratitude pour tout ce que vous avez !

Bonne lecture !

BILL MARCHESIN,
conférencier professionnel,
auteur du best-seller
Obtenez ce que vous désirez !

Vive la simplicité du Japon!

« Trop est pire que peu. »

PROVERBE JAPONAIS

Je rêve souvent de visiter le Japon, et ce, pour une raison particulière… J'ai entendu dire que les Japonais
étaient des experts dans l'art de vivre dans de très petits
espaces et avec très peu de choses. Tout y est encastré,
rangé, caché. Rien ne traîne. Ils ont même toutes sortes de
petits « kits » pour toutes les occasions: un pour la détente,
un pour le camping, un pour le pique-nique, un pour la
fondue, un pour le thé, etc.

J'entre dans les maisons, dans mon Québec natal, et je
vois un incroyable nombre d'objets partout, dans tous les
recoins. Vraiment dans tous les recoins, même dans les
escaliers, sous les meubles, sur et sous les armoires (même
sur celles de la cuisine!!!), sur le bord du bain, partout
quoi! Mais c'est complètement fou! Pourquoi a-t-on tant

besoin de remplir chaque recoin de notre espace? Aurions-nous un vide à combler? La peur de manquer de...?

Dans certains pays où les séismes sont nombreux, les habitants vivent très simplement, avec souvent moins de 300 objets afin de pouvoir s'enfuir très rapidement si besoin est. Moi, j'ai plus de 300 objets... seulement dans ma bibliothèque. Cela m'amène à réfléchir. Est-ce que je tiens vraiment à ces objets? Est-ce qu'ils m'apportent quelque chose de positif ou s'ils prennent de l'espace inutilement? Et ce cadeau qui m'a été offert voilà mainte-nant trois ans, que je n'aime pas, que je garde pour ne pas blesser la personne qui me l'avait si gentiment offert, cet objet qui me tape sur les nerfs chaque fois que je le vois dans ma fameuse bibliothèque, n'est-ce pas à moi que je nuis en le conservant?

Oh, comme c'est dommage, il est tombé par terre et s'est brisé... j'ai dû le jeter. Et voilà, c'est plus fort que moi. Je me mets à dégarnir les étagères, j'enlève ce qui ne me plaît pas, je fais des piles: à donner, à jeter, à recycler, à conserver. Ce tri me fait un bien immense. Je décide de garder seulement ce que j'aime vraiment, ce que je trouve vraiment beau, ce qui m'est vraiment utile. De toute façon, qu'est-ce que je ferais du reste?

On accumule rapidement les objets. Lorsque je suis arrivée dans ma première maison, je trouvais formidable d'avoir autant d'espace. La moitié de mes armoires de cuisine étaient vides, même chose pour ma salle de bain, mes garde-robes, et le minimalisme régnait dans les différentes pièces de la maison. Ah… quel sentiment de liberté, de paix, de tranquillité. Puis, achat après achat, la maison s'est tout doucement remplie…

Moi qui aspire à une vie simple, avec le moins de stress et de soucis possible, j'ai dû revoir tout ça! Parce qu'il ne faut pas oublier que chaque objet apporte son lot de soucis… celui de l'entretenir, de le faire réparer, de le retourner au magasin parce qu'il ne fonctionne pas bien, de le nettoyer, de le faire assurer, de le déplacer et même souvent de le déménager! Voici maintenant ce que j'ai fait pour me simplifier la vie.

Parlons de boîtes...

*« Le présent est toujours très bref,
même si certains croient posséder
un passé où ils ont accumulé des choses,
et un avenir où ils accumuleront plus encore. »*

PAUL COELHO, écrivain brésilien

Avant de savourer le bonheur de posséder ma première maison, j'ai déménagé d'appartement en appartement à plusieurs reprises. En fait, je suis déménagée 14 fois! Pendant toutes ces années, plusieurs choses accumulées et dont je ne savais que faire se sont retrouvées dans des boîtes. Je n'avais pas vraiment le courage de toutes les ouvrir, surtout que je savais en partie quel était le contenu de celles-ci: vieux livres d'école, bibelots que je n'aimais plus, vieille vaisselle, vieux toutous, draps en trop, rideaux, cadres, tapis et décorations qui n'allaient pas dans mon nouveau logis, disques que je n'écoutais plus, livres qui ne m'intéressaient plus… Bref, un tas d'objets complètement inutiles !

Les boîtes les plus remplies contenaient des vêtements que je ne portais plus, mais que je n'avais pas eu le courage de jeter parce qu'ils étaient encore en bon état, ou parce qu'ils avaient coûté cher, ou parce qu'ils m'allaient bien mais n'étaient plus à la mode, ou parce que toutes les raisons étaient bonnes lorsque je les avais mis dans ces foutues boîtes.

Je n'avais jamais songé, d'un déménagement à un autre, à ouvrir une seule de ces boîtes, pour la simple et bonne raison que je n'avais jamais eu besoin de rien de ce qui s'y trouvait… En un instant, au lieu de déménager une fois de plus toutes ces boîtes dans ma nouvelle maison, j'ai décidé d'aller porter les boîtes en question, sans même les ouvrir, à un organisme d'entraide communautaire tout près de chez moi.

TRUC : *Il y a une boîte dans laquelle je mets tous les objets à donner. Lorsqu'elle est pleine, si je n'ai jamais eu à y retourner pour y prendre un article que j'y avais mis, je l'apporte à un organisme d'entraide communautaire sans même regarder ce qu'il y a dedans…*

Commencer
par le commencement

« Personne ne peut revenir en arrière et prendre un nouveau départ, mais n'importe qui peut commencer dès aujourd'hui et faire une nouvelle fin! »

Maria Robinson, chroniqueuse américaine

Adolescente, j'avais lu un article qui m'avait profondément marquée. Cet article parlait d'un homme qui était très déprimé et qui avait appelé son psychologue pour lui annoncer son suicide. Le psychologue, très calmement, avait insisté pour que l'homme en question fasse le ménage d'un tiroir, n'importe lequel, dans sa maison. L'homme ne comprenait pas du tout la demande du psychologue, mais celui-ci insistait tellement qu'il promit de nettoyer un tiroir et de le rappeler ensuite.

Quelle ne fut pas la surprise de cet homme de se sentir mieux après le petit, oh tout petit, ménage en question. Une partie de sa déprime envolée, il rappela le sage psychologue pour le remercier de son écoute…

À partir de ce moment, dès que je sentais que je ne savais plus par quoi commencer tellement il y avait de choses à faire dans la maison, je commençais tout simplement par le commencement. Une chose facile, un tout petit, oh tout petit ménage, n'importe où dans la maison. Ça m'encourageait à en faire un plus grand, puis un plus grand, puis à tout faire calmement.

TRUC: *Vous avez un petit 5 minutes de libre? Profitez-en pour nettoyer le plateau de vos ustensiles, un tiroir, une armoire, un panier, un comptoir, un miroir… ou pour lire une page d'un bouquin, écrire un petit mot ou, pourquoi pas, vous asseoir et ne rien faire pour une fois, pendant 5 minutes!*

Je n'ai rien à me mettre !

« *L'élégance ne consiste pas
à mettre une robe neuve!* »

CoCo CHANEL, artiste et couturière française

Mon garde-robe est plein mais je n'ai rien à me mettre ! Comment est-ce possible ? J'ai une sortie spéciale ce soir, c'est l'anniversaire d'une amie et nous allons dans un restaurant chic. J'ai une multitude de t-shirts et de vieux jeans dans lesquels je me trouve très bien lorsque je reste à la maison, mais aucun vêtement ne correspond à ce que je désire porter ce soir. Je vois bien quelques robes et des jupes dans le fin fond de ce garde-robe, mais je suis tellement mal dans ma peau lorsque je les porte que je n'ose même pas les décrocher de leurs cintres. Mais qu'est-ce que je vais porter ?

Je me mets à grogner que « c'est bien compliqué de me trouver des vêtements qui me font bien » et que « je perds un temps fou à essayer toutes ces choses qui ne me font pas bien » et que « c'est trop délavé », « ça pique », « je vais avoir trop chaud là-dedans », « c'est pas assez beau », « j'ai l'air folle avec ça sur le dos » et je vous épargne toutes mes autres pensées négatives.

Et c'est là, au milieu de tous ces vêtements éparpillés autour de moi, que j'ai éclaté de rire. Pour une fille qui veut se simplifier la vie, j'ai franchement raté mon coup. Je décide de réorganiser complètement ma garde-robe, et ce, dès le lendemain, pour ne plus jamais qu'une chose pareille ne m'arrive à la dernière minute avant une sortie qui me tient à cœur.

Le lendemain, donc, j'ai pris des décisions radicales auxquelles je me soumets maintenant sans dérogation et qui ont totalement changé ma vie vestimentaire.

1. Je ne garde aucun vêtement que je n'aime plus, qui ne me va pas bien, qui est trop démodé, qui est trop délavé, qui est trop usé, troué, qui est trop court, trop grand, trop petit, trop n'importe quoi !

2. Je conserve seulement deux vieux vêtements pour peindre, jardiner ou pour effectuer des travaux salissants.

3. J'achète un vêtement seulement s'il peut être agencé avec au moins trois autres de ceux que j'ai déjà dans mon garde-robe.

4. Je n'achète plus de chandails aux couleurs ou aux motifs difficiles à agencer avec les autres vêtements.

5. J'achète des pantalons, vestes, vestons et pashminas aux couleurs neutres, qui peuvent être portés avec presque n'importe lequel de mes chandails ou de mes camisoles. D'ailleurs, je prône maintenant l'habillement « en pelures d'oignon » que je trouve plus pratique, surtout pour voyager... J'ai plusieurs camisoles ou t-shirts chics que j'assemble avec différentes vestes, il est plus facile de s'ajuster à la température de cette façon.

6. Je n'achète aucune blouse (ça ne me va pas bien, je n'aime pas que mes vêtements se fripent tout au long de la journée et je déteste repasser).

7. Je n'achète aucun vêtement que je dois faire nettoyer à sec (c'est trop cher et trop de trouble pour moi).

8. J'achète plusieurs paires de bas noirs. Tous pareils ! C'est plus facile à agencer avec mes pantalons et plus facile à assembler lors du lavage. Et je jette au fur et à mesure ceux qui sont troués. Ça m'évite d'être embarrassée en enlevant mes souliers...

9. J'achète maintenant des vêtements tout-aller que je peux porter autant pour magasiner, pour manger au

resto avec des amis ou pour travailler. Je n'ai plus de garde-robe pour la semaine et une autre pour la fin de semaine et une autre pour les sorties et une autre pour les vacances et une autre pour défoncer mon budget…

Pour ne pas perdre de temps à contempler mes vêtements dans le garde-robe le matin (n'oublions pas que les choix multiples entraînent des décisions multiples et que plus il y a de choix, plus ils sont difficiles à faire !), je range mes vêtements hors saison dans un grand sac de voyage. Non seulement ça libère de l'espace et du temps, mais je n'ai qu'à saisir mon sac de voyage déjà rempli si je reçois une merveilleuse invitation de dernière minute pour un voyage où la température est à l'opposé de chez moi.

J'opte également pour des deux en un (ceinture brune d'un côté et noire de l'autre, par exemple) et pour des sacs à main légers et pratiques (j'en ai seulement trois grandeurs pour répondre à mes besoins). L'une de mes tantes, qui voyage énormément, achète toujours des jupes réversibles (pour avoir deux jupes différentes mais un seul vêtement à traîner dans sa valise).

Ces décisions ont franchement simplifié ma vie. Maintenant, avant une sortie importante (ici, je ne parle évidemment pas d'un gala, mais j'y reviendrai un peu plus loin…), je prends une douche rapide, me maquille tranquillement en fredonnant, puis j'étire mon bras vers la penderie pour prendre la première chose qui me tombe sous la main. Et je l'assemble avec un morceau approprié (mon truc, c'est de m'organiser pour que presque tous mes hauts et tous mes bas s'agencent afin de créer ainsi plusieurs ensembles différents), et le tour est joué ! Je mets alors mes lunettes sur le bout de mon nez et… au revoirrrrrrrrrrrrrrrr !

TRUC : *Vous pouvez « relooker » un vêtement en changeant ses boutons, en le raccourcissant, en l'accessoirisant d'une ceinture, d'une miniveste ou d'un foulard coloré, ou en le teignant pour lui redonner son lustre d'antan ou pour lui donner une autre couleur !*

Des sacs, des sacs

« *Coffre trop bourré brise sa serrure.* »

PROVERBE ITALIEN

Je vois les hommes se promenant dans la vie, les mains et les épaules libres, et je les envie. J'aimerais tant, comme eux, mettre un tout petit portefeuille dans la poche arrière de mon pantalon et m'en aller gaiement parcourir le monde. J'ai bien tenté l'expérience à quelques reprises, mais malheureuse de ne pouvoir me mettre du rouge à lèvres ou de ne pouvoir accéder au mouchoir dont j'avais besoin, j'y ai renoncé. Cela m'a quand même fait réaliser plusieurs choses, dont le fait que mon conjoint se fiait sur moi depuis plusieurs années déjà pour ses besoins en gommes, pastilles, aspirines, cure-dents, mouchoirs, lingettes, nettoyeur pour lunettes, bref, les choses utiles que JE traînais…

Pour soulager mes mains et mes épaules, j'ai donc opté pour un compromis entre le léger portefeuille des hommes et l'énorme sac à main, qui laisse une trace douloureuse à l'épaule, à traîner jour après jour. La plupart du temps, je me sers d'un tout petit sac à main noir avec portefeuille intégré qui se porte aisément au poignet (ce qui libère mes mains pour apporter mon thé bien chaud ou pour faire diverses commissions et magasiner plus facilement). Il y a de petites pochettes pour la monnaie et pour les divers articles utiles à mon conjoint (!) que j'ai mentionnés plus haut…

Pour les randonnées un peu plus longues — mes allergies obligeant un peu plus d'organisation —, j'opte pour un sac à main/sac à lunch (les sacs à main d'Elle sont très jolis) ayant une doublure isothermique intérieure, me permettant d'apporter au frais un petit *snack* pour me dépanner sur la route. Ceux-ci sont également fantastiques pour toutes les femmes qui veulent économiser en apportant leur lunch au bureau d'une façon plus élégante qu'en traînant une lourde boîte à lunch.

Écologie oblige, plusieurs magasins ne fournissent plus les sacs de plastique (ce qui nous incite à la protection de l'environnement, nous aussi, n'est-ce pas fantastique?). J'ai donc fait l'acquisition de plusieurs sacs recyclables solides pour l'épicerie (que je laisse dans la voiture parce que sinon… eh bien… ça ne sert pas à grand-chose). Mais mes sacs préférés sont ceux en nylon, légers comme tout et facile à mettre dans une poche ou un sac à main (ils forment des pochettes très pratiques). Il y en a même avec des pinces pour accrocher à la ceinture. Ces sacs sont également très pratiques en voyage.

Si j'ai oublié mes sacs recyclables, je conserve les tout petits sacs pour m'en servir comme poubelle dans la voiture (accrochés au bras de vitesse, s'il s'agit d'une transmission manuelle) et je conserve les plus grands pour les réutiliser quand j'apporte quelque chose à une autre personne, ou pour la récupération des bouteilles et cannettes au supermarché.

Je conserve tous les sacs-cadeaux que je reçois et les refile à mon tour aux gens à qui j'offre des cadeaux, qui à leur tour refilent ces mêmes sacs. Avouez que c'est économique et écologique ! Et ça évite la fastidieuse tâche d'emballage ! On met quelques feuilles de soie (qu'on avait conservées lors des cadeaux précédents) pour agrémenter le dessus du sac, et le tour est joué !

Mon travail m'amène à voyager régulièrement. C'est fou ce qu'une valise mal adaptée ou trop lourde peut nous faire perdre en temps et en patience. Avec l'expérience, j'ai appris à quel point il était important d'acquérir une valise ultra-légère que je peux manipuler facilement toute seule, une valise solide, sur roulettes et avec une poignée rétractable si elle est plus volumineuse.

Pour mes voyages de moins de trois jours, j'apporte seulement un bagage de cabine. Pour les autres voyages, j'utilise une seule valise enregistrée et le bagage de cabine (dans lequel je mets un peu de nourriture non liquide — encore une fois au cas où je ne trouverais pas de nourriture appropriée à cause de mes allergies —, des médicaments, une caméra, des vêtements de rechange — juste s'il arrivait qu'on perdait mon autre valise). C'est suffisant. N'oubliez pas que la plupart des gens sur la planète vivent avec moins de deux sacs d'objets durant leur vie entière.

QUESTION À SE POSER : *Si vous deviez (à part vos meubles, votre literie et votre vaisselle) ne garder que le contenu de deux grands sacs d'objets auxquels vous tenez vraiment, quels articles garderiez-vous ? Êtes-vous prêt à vous débarrasser du reste ?*

Petits trucs pour gens allergiques à certains aliments

« Que la nourriture te fasse du bien,
que la boisson ne te fasse pas de mal. »

PROVERBE BASQUE

J'ai faim. Tout le temps! Et il y a plusieurs aliments que je ne peux manger au risque de me rendre malade pour plusieurs jours. Étant donné que je ne peux pas arrêter dans les Tim Hortons et les Dunkin Donuts de ce monde pour me remplir la panse, j'ai développé quelques trucs afin d'éviter les fringales (et pour pouvoir accompagner les gens dans les petits cafés).

J'ai toujours un petit sac avec une doublure isothermique que j'apporte avec moi dans la voiture et dans lequel je mets toutes sortes de bonnes choses « santé » pour me dépanner: noix, graines, barres de céréales, barres énergétiques, fruits frais et fruits séchés, morceaux de fromage, poudings (avec des ustensiles), croustilles, biscuits, craquelins, bref, tout ce qui s'apporte bien. On peut mettre un *ice-pack* qui conservera les aliments froids entre quatre et six heures.

Lorsque je pars en voyage à l'étranger et que j'ai peur de ne pas trouver facilement des aliments qui me conviennent au restaurant de l'hôtel ou dans les alentours, j'apporte (en plus des choses que je traîne habituellement) des conserves de feuilles de vigne farcies, de thon ou de saumon, des soupes et des nouilles en sachet auxquelles on n'a qu'à ajouter de l'eau bouillante (s'il y a une cuisinette). On peut également apporter du pain et du beurre d'arachide pour se faire des tartines. Étant intolérante au gluten, j'apporte mon propre pain pour le déjeuner et mes croûtes à pizza pour le restaurant.

S'il y a une épicerie tout près de l'hôtel où vous logez, bingo, vous pouvez vous acheter des crudités, sandwiches, fromages, fruits frais ; et s'il y a un frigo dans votre chambre, vous pouvez même acheter des aliments pour le déjeuner du lendemain afin de vous sauver d'un repas au restaurant.

Pour les gens qui ont des allergies, je vous recommande fortement de vous faire des cartes de format cartes professionnelles, indiquant vos allergies, que vous pourrez également plastifier pour une durabilité accrue et que vous laisserez en tout temps dans votre portefeuille. Le serveur pourra remettre, le cas échéant, cette carte au chef, vous en serez alors tous deux rassurés. Pour les gens allergiques au gluten, par exemple, il se vend des cartes traduites en plusieurs langues sur Internet (voir les *gluten-free dining cards* sur le site *www.celiac.com*). Vous trouverez également sur le lien *chef Daniel restaurant form* une lettre expliquant clairement aux cuisiniers comment éviter les risques de contamination lors de la préparation de votre repas et l'importance de porter une attention particulière à votre menu afin que vous ne soyez pas malade à cause d'une infime quantité de produit intoléré. Vous pouvez aussi consulter les menus des restaurants sur Internet ou leur téléphoner à l'avance afin de vérifier s'il y a un menu répondant à vos besoins particuliers.

Pour éviter de semer la confusion entre tous les aliments permis et non permis, vous pouvez, lors d'une invitation à souper chez des amis, par exemple, leur envoyer un courriel mentionnant vos allergies ainsi que des alternatives et des exemples de repas qu'il vous est possible de manger. Cela simplifiera grandement la tâche de votre hôte pour la préparation du menu.

Si je pars sur la route pour le travail, il m'arrive fréquemment de manger dans la voiture (c'est souvent plus simple que de trouver un restaurant où je pourrai manger quelque chose qui me plaît vraiment...). J'apporte alors des contenants de jus, des sandwiches, des œufs cuits dur, des trempettes avec crudités et craquelins, de la salade de patates et des thermos de soupe, de pâtes bien chaudes, de fricassées, ainsi que des muffins faits maison, de la salade de fruits et du thé !

Voici d'autres idées pour le lunch dont vous pourriez peut-être profiter :

- omelette aux légumes et fromage (ou jambon) enroulée dans une tortillas ;
- salade de lentilles ou de thon avec légumes ;
- *grilled cheese* accompagné d'une salade verte ;
- sandwich aux pommes (ou kiwi) et fromage sur pain de noix ou de raisins ;
- sandwich au poulet et canneberges ;
- salade de riz et de légumes (saupoudrée de graines de sésame) ;
- crêpes roulées farcies (aux légumes, au fromage, au jambon, au bacon, etc.) ;
- et pourquoi pas, une tartine de confiture et banane avec des noix ?
- ou encore au beurre d'arachide, tellement nourrissant !

À vos lunchs, prêts, partez !

TRUC : *Si vous avez le bonheur de faire une croisière, mentionnez vos allergies lors de la réservation. Les cuisiniers attitrés à votre table (habituellement, nous mangeons à la même table pour tous les soupers à bord du bateau) seront mis au courant du genre de menu qui vous convient, et le service sera plus efficace et rapide. Vous pourrez même choisir à l'avance ce que vous mangerez le lendemain...*

C'est pas toujours un cadeau

« Un cadeau qui ne peut pas être jeté n'est pas un cadeau mais un piège. »

TAD WILLIAMS, écrivain américain

Quel plaisir de recevoir des cadeaux ! Les beaux cadeaux sont de grands plaisirs de la vie. Encore faut-il qu'ils soient appropriés !

Avouons que nous recevons une multitude d'objets dont nous ne savons que faire. Cela va des parfums qui ne nous conviennent pas aux divers objets de décoration qui ne font pas bon ménage avec notre décor du moment (des poupées de collection en porcelaine, une lampe bizarroïde, des bibelots quétaines et qui ramassent la poussière, des napperons qui égratignent notre belle table de bois) aux vêtements trop grands, trop petits ou trop laids !

À moins de très bien connaître les goûts de la personne à qui on offre un cadeau (si on est certain que la personne veut tel parfum, tel livre ou tel disque, par exemple), il est peut-être préférable d'y aller avec des valeurs sûres pour éviter les malaises ou les déceptions. Par exemple, un article de décoration qui ne nous plaît pas nous met dans une situation très délicate… Doit-on jouer à cache-cache avec l'objet en question et le sortir seulement lorsque la personne nous rend visite ? Que de pirouettes…

Simplifions-nous la vie, demandons et offrons des cadeaux consommables immédiatement ! Comme il est agréable de recevoir des fleurs, des cartes-cadeaux (pour des boutiques, des librairies, des magasins de disques, etc.), de bonnes bouteilles de vin ou de moult de pomme, des paniers de produits fins et de chocolats, des forfaits massage ou pour un spa, des billets de spectacle, des invitations au restaurant ou à aller s'amuser quelque part ensemble ! Et toutes ces belles choses n'encombreront pas nos maisons qui sont déjà pleines à craquer !

Les cadeaux utiles (ou faciles à refiler discrètement à quelqu'un d'autre si on en a déjà…) sont aussi au nombre des cadeaux fantastiques : une doudou ou une jetée bien chaude pour les froides soirées d'hiver, des serviettes moelleuses pour la sortie du bain, un beau carnet pour y noter nos idées, un foulard soyeux et de couleur classique…

TRUC: *Décidez, une fois pour toutes, du laps de temps que vous jugez approprié quant au fait de conserver un cadeau offert que vous n'avez pas apprécié... Passé ce laps de temps, donnez, jetez, recyclez ou refilez sans même vous sentir coupable.*

La fameuse salle de bain…

« Il est rare que nous réalisions
que nous pouvons nous débarrasser
de n'importe quoi dans nos vies,
à n'importe quel moment
et en un clin d'œil. »

CARLOS CASTANEDA, écrivain brésilien

J'ai toujours ressenti un besoin irrépressible de jeter. Je ne sais pas pourquoi. Ce n'est pas seulement afin de libérer de l'espace… j'imagine que je fais aussi du ménage dans ma vie et dans ma tête, ou quelque chose du genre. De toute façon, cette envie de jeter le plus possible s'est déclarée pour la première fois officiellement dans la salle de bain de mon premier appartement. Je m'évertuais alors à essayer de vider tous les tubes de crème, de gel et de dentifrice, bouteilles de crème exfoliante, de shampoing et de revitalisant, pains de savon, échantillons de parfum et tous les autres trucs que j'avais accumulés dans différents paniers au fil des mois. J'ai décidé, une fois de plus, de faire un super tri dans tous ces trésors que je venais de trouver sous mon lavabo. Que d'économies j'allais faire ce mois-là !

Je décidai donc d'utiliser une par une toutes ces trouvailles jusqu'à épuisement complet des stocks. Et que je n'achèterais plus aucun produit tant qu'il y en aurait ! L'air de rien, j'avais du shampoing pour un bon deux ans, des limes à ongles pour au moins une dizaine d'années, du parfum pour toute l'année à venir, du gel pour une autre année et des pains de savon pour au moins cinq ans (n'oublions pas que plus un pain de savon a eu le temps de sécher, plus il se conserve longtemps !). J'allais me garder propre, propre, propre, à moindre coût pour un bon bout de temps !

Par la même occasion, je me suis débarrassée de toutes les épingles à cheveux que je n'aimais plus, du séchoir à cheveux qui ne fonctionnait plus, de tous les médicaments au-delà de la date de péremption, de toutes les teintures périmées (je n'avais pas envie de me retrouver avec une tête orangée).

Une fois de plus, j'ai établi de nouvelles règles que je respecte à la lettre depuis ce jour:

1. Idéalement, j'achète les produits que j'utilise régulièrement lorsqu'ils sont en vente (pour ne pas payer le plein prix parce que je m'y prends à la dernière minute). Cela est valable pour les produits de soins corporels, de soins capillaires, le dentifrice, les produits nettoyants, les mouchoirs, le papier hygiénique et même les aspirines !

2. J'achète seulement un pot à l'avance par produit afin de ne pas me retrouver avec des tas de paniers sous le lavabo et des tas de produits périmés…

3. J'essaie, le plus possible, d'utiliser des produits deux en un (ça prend moins de place sur les étagères et je perds moins de temps dans la salle de bain).

4. J'évite le gaspillage. Par exemple, j'ai fait l'expérience de couper un tube de crème que je croyais vide et d'en extirper une quantité de crème qui m'a vraiment surprise… En fait, j'ai pu en remplir un autre petit pot qui m'a servi encore pour trois semaines complètes !

5. J'achète du maquillage seulement si nécessaire et seulement si mon produit est complètement terminé, parce que j'ai appris que la durée d'un baume pour les lèvres, d'un crayon pour les yeux et d'un mascara est de trois mois, qu'un fard à paupières, un fond de teint en crème ou hydratant est de six mois

et qu'un fond de teint en poudre, une poudre bronzante ou un parfum dure seulement un an! Je me limite également à un seul fard à joues qui va avec tout, et à deux couleurs pour les yeux (par exemple, du fard à paupières vert ou bleu agencé avec du rose). La seule chose que j'achète en double est le mascara. J'en ai un noir pour les cils et un transparent pour dompter mes sourcils rebelles!

J'ai aussi appris, au fil du temps, à utiliser ce que j'avais sous la main (dans mes armoires de cuisine, entre autres) au lieu d'acheter produits sur produits. Alors voici mes trucs de grand-mère:

1. Verser 125 ml de lait en poudre dans l'eau du bain fait apparemment des miracles. Je me souviens d'une jeune fille dans ma classe au secondaire qui ne jurait que par ce bain de lait. Elle disait qu'elle se sentait comme Cléopâtre et que cela adoucissait incroyablement bien sa peau. (Je n'ai jamais essayé ce truc parce que j'ai une intolérance aux produits laitiers et j'ai un peu peur des effets que cela produirait sur moi!).

2. Voici un autre truc pour le bain: trois cuillerées à soupe d'avoine qu'on passe au malaxeur et qu'on met dans un vieux bas de nylon accroché au robinet

du bain fait un excellent bain anti-démangeaisons lorsque notre peau est très sèche.

3. Pour exfolier ma peau, j'utilise ce que j'ai sous la main (par exemple du gel pour le corps ou du shampoing) et je le mélange à du bicarbonate de soude! Économique et efficace!

4. Si des résidus de produits pour les cheveux se trouvent sur ma belle chevelure brune, je mélange un peu de bicarbonate de soude à mon shampoing pour les enlever facilement.

5. Mes ongles et mes cuticules sont secs? Je me fais un petit massage avec de la mayonnaise ou de l'huile de ricin. (L'huile de ricin est géniale pour frotter mes articulations douloureuses; je ne sais pas pourquoi mais ça soulage et ça remet de l'huile là où il en faut!)

6. L'huile de ricin soulage également les yeux fatigués. On en met sur les paupières, les cils et le contour des yeux. Si nos yeux sont irrités, rien de mieux que de tremper deux sachets de thé noir dans de l'eau tiède pour ensuite poser ces sachets sur nos yeux endoloris une vingtaine de minutes…

7. En ce qui a trait au thé, un bain de pieds au thé noir fait des merveilles pour éliminer les problèmes de pieds malodorants (infusez 2 sachets de thé noir

pendant 15 minutes dans 1 litre d'eau bouillante, puis ajoutez 1/3 de litre d'eau froide). Le résultat apparaît après une semaine, patience…

On peut également soulager des pieds endoloris après une dure journée en les frottant avec du baume pectoral avant d'aller se coucher (j'utilise également ce truc, non prouvé scientifiquement, pour soulager les symptômes d'un rhume ou d'une grippe!).

Dans les livres et sur Internet, il y a une quantité infinie de remèdes de grand-mère et de différentes recettes de produits cosmétiques à faire soi-même, faites vos recherches!

Truc: *Rien n'est plus désagréable que d'échapper un pot de verre qui explose en mille petits morceaux sur le plancher de la salle de bain. Conservez vos petits pots de plastique vides pour y transférer vos produits (les petits pots de moins de 100 ml serviront également au transport de vos précieux produits lors de vos voyages!) Et surtout, recyclez vos pots de verre!*

Opération nettoyage

Que de temps passé à tout nettoyer! Comment nous simplifier la tâche? Pour commencer, il faut être conscient que plus nous avons d'objets et de meubles dans une maison, plus il y a de ménage, de dépoussiérage et d'entretien à y faire. Et plus il y a de chance pour qu'un certain désordre s'y installe…

N'y a-t-il pas des choses dont vous pourriez aisément vous passer? Des articles qui vous demandent temps et argent et qui ne vous apportent pas grand-chose, sauf du trouble finalement.

Lorsqu'un appareil électronique rendait l'âme, je décidais souvent de ne pas le remplacer. Le peu de plaisir qu'il m'apportait ne valait pas l'argent et les déplacements que son entretien demandait.

Voilà quelques années, j'ai dû, pour cause de maladie, réviser mes priorités en matière de ménage. Quand on a de la difficulté à se traîner d'une pièce à une autre, une petite tache sur le bord du lavabo est bien la dernière des préoccupations.

Au fil des jours, j'ai commencé à développer des trucs pour ne pas me faire mal davantage. J'avais de la difficulté à laver mon bain. Je le faisais donc de l'intérieur de celui-ci ! Il n'y a pas de loi m'empêchant de frotter les bords de mon bain les deux pieds dedans ! Le nettoyage de la douche était également épuisant pour moi. J'ai alors pris l'habitude d'essuyer les murs de la douche au fur et à mesure de mes utilisations à l'aide d'une serviette à main (celle que j'avais utilisée durant la journée et qui allait faire un tour au lavage de toute façon). Ça ne prenait qu'une trentaine de secondes chaque fois et ça m'évitait un frottage interminable par la suite.

Juste le fait de laver la vaisselle m'épuisait. Je n'allais pas en plus tout essuyer… J'ai acheté un bac en plastique dans lequel je pouvais laisser ma vaisselle se faire sécher à l'air libre…

Pour pouvoir laver plus d'ustensiles à la fois, j'ai ajouté, dans le haut de mon lave-vaisselle, un petit panier avec quatre compartiments, tous plus troués les uns que les autres.

Je ne pouvais tordre le linge que je lavais à la main, alors je suis allée m'acheter des petits filets pour les vêtements délicats (en vente dans nos beaux magasins du dollar). Je mettais le cycle de lavage à « délicat », puis je plaçais autant de filets que mon inquiétude en demandait autour dudit vêtement à nettoyer. Plus le vêtement était délicat et fragile (et cher!), plus je l'enrobais de filets. Si la sécheuse convenait aux tissus, je faisais tourner le cycle « essorage » (*spin*) deux fois plutôt qu'une, ce qui me permettait de réduire considérablement le temps de séchage. Pour tout vous dire, je n'ai jamais eu de mauvaises surprises avec cette méthode et je continue de l'utiliser parce que ça me fait sauver un temps fou!

Je n'avais pas la force d'enlever les draps du lit, de les laver et de les replacer sur le lit la même journée. Vivement deux ensembles de draps! Je lave ce qui doit l'être lorsque cela fait mon affaire!

Pour éviter de refaire les mêmes pas, de remonter et de descendre l'escalier plusieurs fois, je laissais un panier dans le haut des marches et un autre dans le bas, que je descendais et remontais selon mes allées et venues dans la maison.

TRUC: *Prenez la bonne habitude de toujours déposer les articles dont vous avez besoin chaque jour au même endroit (pilules, vitamines, lunettes, clés, ceinture, chapeau, gants, foulard, sac à main, etc.). Vous apprécierez la patience, le temps, les recherches et les pas ainsi sauvés.*

Être à la hauteur

« Notre vie est gâchée par les détails...
simplifiez, simplifiez, simplifiez... »

HENRY DAVID THOREAU, philosophe américain

Quoi de mieux pour se simplifier la vie que d'éliminer les petits irritants de la vie quotidienne! Je veux atteindre aisément les divers articles dont j'ai besoin dans la maison, bref, je veux être à la bonne hauteur!

Quoi de plus simple que:

* de baisser les étagères des armoires de cuisine pour atteindre facilement les verres, tasses et assiettes dont on se sert quotidiennement;

* d'ajouter des étagères en mélamine dans les armoires, si nécessaire;

* de ranger aux endroits facilement atteignables les chaudrons, poêles et moules à muffins ou à gâteau ainsi que les différentes plaques;

* de ranger les articles qu'on utilise rarement dans le haut des armoires ou dans les armoires profondes (ou encore mieux, si on s'en sert si peu, de les donner ou de les jeter!);

* d'éliminer des comptoirs et des armoires tout appareil (extracteur à jus, friteuse, machine à pain, etc.) qu'on n'utilise jamais! Cela fait plus de place pour ceux qu'on utilise vraiment chaque jour;

* de fixer les pôles, dans les armoires de vêtements et les garde-robes, à une hauteur facilement atteignable;

* d'utiliser des contenants transparents pour le rangement sous les lits ou dans les hauts des garde-robes afin de ne pas avoir à tout ouvrir pour voir ce qui s'y trouve;

* de prévoir des cordons assez longs pour ouvrir et fermer les rideaux, stores, etc.;

* d'installer les miroirs et les étagères à la bonne hauteur (sinon, à quoi bon?);

* d'installer les crochets pour les vêtements ou pour les outils et les articles de nettoyage à une hauteur qui convient.

Mon achat le plus utile pour le rangement? Un petit tabouret pliable (qui ne prend pratiquement pas d'espace) pour grimper partout où je le veux dans la maison!

QUESTION À SE POSER: *Y a-t-il d'autres irritants dans la maison? Un robinet qui fuit, une porte qui grince ou qui est difficile à ouvrir, un calorifère bruyant, une poignée de garde-robe brisée, un luminaire sur lequel vous vous cognez la tête jour après jour, une fenêtre difficile à ouvrir ou à fermer, un micro-ondes à la mauvaise hauteur, des ustensiles placés dans un tiroir à l'autre bout de la cuisine, un tapis dans lequel vous vous accrochez sans cesse, un siège de toilette qui ne tient pas en place, le couvercle de la laveuse qui ne peut ouvrir au complet à cause d'une armoire ou d'une étagère qui en bloque la possibilité, une lampe qui n'éclaire pas assez bien pour lire à l'endroit de votre choix… Tous ces petits irritants peuvent facilement disparaître de votre vie si vous prenez le temps d'y remédier! Vous y gagnerez en sérénité.*

Ces appareils qui nous simplifient la vie

« Qu'il faut travailler dur pour pouvoir se payer les nombreux appareils destinés à économiser les efforts de l'homme. »

ANONYME

Je ne suis pas pour l'achat d'appareils, sauf s'ils sont d'une grande utilité. Par exemple, j'utilise régulièrement la mijoteuse pour faire mon bouillon maison, une soupe ou un pot-au-feu. Mes amies s'en donnent à cœur joie et mettent dans la mijoteuse des repas de viande — tels que du bœuf Stroganoff, bœuf bourguignon, coq au vin rouge, casserole de poulet, tajine d'agneau, etc. — juste avant de partir pour le travail. Elles rentrent à la maison, ça sent bon, et elles n'ont plus qu'à disposer le tout dans les assiettes de leur belle petite famille affamée.

J'utilise quotidiennement une machine à vapeur pour faire cuire les légumes, le poisson et le riz (qui ne colle jamais et qui devient bon comme au resto), ainsi qu'un mélangeur de type Magic Bullet pour faire un « smoothie » aux fruits le matin, pour faire des vinaigrettes, sauces, mousses, boissons et salsa, un moulin pour moudre les graines de lin, les amandes et les épices, râper le fromage, couper les légumes en petits morceaux pour faire la soupe, des trempettes ou des omelettes… Avouez que c'est bien pratique.

J'ai acheté et essayé, voilà plusieurs années maintenant, plusieurs appareils électriques qui ont été de la plus grande inutilité. Que d'argent et d'espace gaspillés… Avant de faire l'acquisition d'un appareil, demandez-vous si vous allez vraiment vous servir très, très, très souvent de cet appareil. La plupart du temps, la réponse sera non.

QUESTION À SE POSER : *Ne serait-il pas plus simple et plus économique pour vous d'utiliser un aspirateur qui ne nécessite pas de sacs ? Je me souviens du temps fou passé à chercher, dans différents magasins, des sacs qui pouvaient être compatibles avec mon aspirateur. Si vous faites quand même le choix*

d'un aspirateur qui en nécessite, choisissez-en un dont les sacs se vendent aux magasins que vous fréquentez régulièrement (et faites provision de sacs à l'avance!).

Ces appareils qui ne nous simplifient pas la vie

« J'aime mon nouveau téléphone,
mon ordinateur fonctionne très bien,
ma calculatrice est parfaite, mais,
Seigneur, je m'ennuie de mon esprit! »

AUTEUR INCONNU

J'adore les appareils électroniques. Mais j'évite quand même d'en acheter à moins de m'en servir vraiment très souvent. Parce que ça coûte cher et que ça brise tout le temps. Donc, ça me fait perdre de l'argent et un temps fou... pour aller en racheter, pour aller les faire réparer, pour les entretenir et surtout pour apprendre comment ils fonctionnent!

Tenez, l'autre jour, mon MP3 a cessé de fonctionner. Ça faisait seulement un an que je l'avais. Étant donné que je me sers de ce minuscule appareil tous les jours (pour écouter de la musique, des balados et des livres audio tout en vaquant à mes occupations), j'ai décidé d'aller m'en acheter un autre.

Le vendeur, très professionnel, m'avertit que le MP3 que je m'apprête à acheter ne durera pas plus d'un an et demi. « Ah bon ! Et pourquoi donc ? » que je lui demande. « C'est que les compagnies s'organisent maintenant pour que les piles ne fonctionnent que pour ce laps de temps afin de s'assurer d'en vendre régulièrement. Et remplacer la pile revient presque au même prix que d'acheter un appareil tout neuf ! » qu'il me répond. Je tenais à cet appareil fort pratique pour moi, alors j'en ai acheté un tout petit, à tout petit prix, qui durera de toute façon un an et demi. Et… j'ai fait la sauvegarde sur une petite clé USB des chansons auxquelles je tenais et dont je n'ai plus les disques (parce que je ne garde pas les disques si je n'aime pas plusieurs chansons qui se retrouvent sur ledit album).

Un autre vendeur m'a fait remarquer que les clés USB pouvaient très bien ne plus fonctionner du jour au lendemain (sans qu'on sache pourquoi). Il est donc plus fiable d'utiliser la bonne vieille méthode du CD (ou du DVD) ou d'utiliser un disque dur amovible pour faire ses sauvegardes. Ouf… que de quiproquos !

Je vous suggère également de faire des sauvegardes de tout ce qui est important sur vos ordinateurs. Parce que…, vous ne me croirez pas, un technicien informatique (que nous étions allés voir pour la troisième fois pour la réparation de notre ordinateur portable, oui, oui, le même ordinateur, les trois fois…) nous a assurés qu'un ordinateur portable était bon pour environ deux ans! Je n'en croyais pas mes oreilles. Non seulement un ordinateur coûte la peau des fesses mais, en plus, on s'assure que vous devrez le remplacer dans un délai très court, soit parce qu'il rend l'âme, soit parce qu'il est devenu complètement désuet!

TRUC: *Étant donné que notre ordinateur a rendu l'âme à quelques reprises, j'ai bien compris la leçon (surtout qu'il nous en a coûté une centaine de dollars pour récupérer les données sur notre disque dur la première fois que cela nous est arrivé). Tout ça pour dire que je me fais un devoir de faire une sauvegarde après chaque journée passée à faire de la comptabilité, parce que je n'ai surtout pas envie d'être obligée de tout recommencer si mon ordinateur décide de faire défaut!*

L'ordinateur

Rares sont ceux qui n'ont pas un ordinateur. Cet appareil qui nous facilite souvent les choses demande quand même beaucoup de gestion… et de temps !

J'utilise Yahoo comme service de messagerie électronique (je ne connais pas les autres services, désolée, mais j'imagine qu'ils offrent plus ou moins les mêmes fonctionnalités). J'ai pris l'habitude d'y entrer toutes les dates d'anniversaire de mes amis, connaissances, membres de ma famille et relations d'affaires. Les gens adorent lorsqu'on se souvient de leur anniversaire !

Il y a aussi un bloc-notes qui m'est fort utile pour écrire un petit résumé de mes lectures (afin de ne pas accumuler une quantité industrielle de carnets de notes et de livres dans la maison. De plus, je n'ai pas à faire de sauvegarde de ces notes puisque ces services de messagerie ont leur propre serveur!). Je peux ensuite rapporter le livre à la bibliothèque ou donner celui que j'avais acheté à une autre personne qui aura le bonheur de le lire.

J'utilise également le blocage d'adresses courriels pour ne plus jamais recevoir de courriels indésirables (toutes ces demandes complètement loufoques de la part de personnes que je ne connais ni d'Ève ni d'Adam, tous les attrape-nigauds qui nous font croire qu'on a, pour la millième fois, remporté un prix bidon pour un concours auquel on n'a jamais participé de toute notre vie, ou encore du marketing pour les ventes de produits qui ne nous inté-ressent absolument pas…). Il est toutefois important de savoir qu'une fois cette adresse courriel bloquée, non seu-lement vous ne saurez pas si la personne vous écrit de nou-veau, mais l'expéditeur ne saura jamais que vous n'avez pas reçu son message…

Je fais le tri de mes messages au fur et à mesure que je les reçois et j'essaie, le plus possible, de répondre dans un délai de 48 heures à mes courriels qui demandent une réponse. J'efface tout de suite ceux qui sont sans intérêt pour moi et j'ai cessé de m'abonner à tous les bulletins d'informations que je n'aurai pas le temps de lire (je ne conserve que ceux qui m'intéressent au plus haut point). Pour éviter les malentendus, j'essaie de penser à me relire avant d'envoyer mes messages (on oublie souvent qu'il est facile par courriel d'être mal interprété(e) puisque les gens ne peuvent voir l'air qu'on fait lorsqu'on écrit quelque chose — par exemple une blague — et ne peuvent pas non plus entendre notre ton de voix…). Je vérifie s'il est nécessaire de faire « répondre à tous », si j'ai bien joint le fichier promis et, petit détail non négligeable, je m'assure d'envoyer le message à la bonne personne !!!

Je crée des dossiers : clients, amis, famille, mots de passe, à réutiliser, etc., afin de classer les courriels que je désire conserver.

J'ai vu des gens qui avaient tellement accumulé de courriels à lire, et auxquels ils n'avaient jamais le temps de répondre, devoir envoyer un message à tous leurs contacts leur mentionnant qu'ils faisaient table rase en effaçant tous les courriels de leur boîte de réception, et qu'ils étaient désolés si cela causait des inconvénients à qui que ce soit ! C'est ce qu'on appelle faire du ménage et repartir à zéro !

Je prends très souvent mes rendez-vous (amicaux ou autres) par courriel. Cela sauve un temps fou parce que : vous ne téléphonez pas à la personne à un moment inopportun pour elle, la personne répond lorsque cela lui chante et après avoir eu le temps de réfléchir à votre demande ou à votre invitation, vous ne perdez pas un temps fou en babillage au téléphone.

Je profite énormément d'Internet pour faire des recherches sur différents sujets, mais aussi pour apprendre gratuitement diverses choses (culture générale, langues, etc.). Il y a même des sites spécialisés pour cela, par exemple *www.touslescours.com*.

Si je désire acheter un article en particulier, je fais souvent des recherches sur Internet plutôt que de me promener d'un magasin à un autre (ou d'une succursale à une autre, dans certains cas). Cela permet également de dénicher des articles à prix réduits ou de tout simplement comparer les prix.

J'organise mes favoris par sujets — recettes, voyages, utilités, activités (idées d'activités à faire selon les saisons), salles de spectacle, santé, arts, etc. — et je prends le temps de classer mes sites préférés dans chacun des sujets afin d'éviter de fastidieuses recherches plus tard. J'ai un onglet « émissions » qui me permet de voir qui seront les invités ou les sujets de mes émissions préférées (pour éviter de perdre du temps à les écouter si cela ne m'intéresse pas !).

QUESTION À SE POSER : *Est-ce que vous passez trop de temps devant votre ordinateur ? Un article dans le journal mentionnait que certaines personnes pouvaient développer une dépendance à Internet. Des gens peuvent ainsi passer plus de dix heures par jour à lire leurs courriels, à aller sur Facebook ou sur Twitter, à jouer à des jeux interactifs ou à des jeux de rôles avec d'autres personnes à travers le monde...*

Mes listes

*« Un moment ne dure qu'un instant, mais
la mémoire de celui-ci dure à tout jamais. »*

ANONYME

Du plus loin que je me souvienne, j'ai toujours fait des listes. Cela me permet de me libérer l'esprit ou de l'occuper si je m'impatiente durant une attente interminable.

J'ai des listes pour à peu près tout :

🦟 la liste des numéros, adresses, courriels, dates d'anniversaire, occupations, allergies, noms des conjoints et des enfants de tous mes amis et membres de ma famille ;

🦟 la liste des services dont j'ai besoin ou dont je peux avoir besoin : cordonnier, coiffeuse, esthéticienne, banque, comptable, médecin, service de messagerie, notaire, plombier, électricien, ramoneur, exterminateur, etc. ;

✳ la liste (avec la marque et les numéros de série) des appareils électriques et électroniques que je possède à la maison (en cas de feu ou de vol, cette liste est très pratique pour les assurances). Je m'envoie d'ailleurs une copie de cette liste sur mon Yahoo afin de toujours pouvoir y accéder, même si mon ordinateur disparaît dans la nature…;

✳ la liste des restaurants que j'ai aimés (ou détestés, pour ne pas y retourner par mégarde) et des restaurants où je peux manger des repas sans gluten. Étant donné que je fais le tour du Québec pour mon travail, je les classe par ville. Cela m'évite, affamée, d'avoir à tourner en rond pour chercher un bon restaurant;

✳ la liste des hôtels (et de leur propreté, restaurant, prix, produits et commodités);

✳ la liste des salles que je peux louer pour des événements (et leurs particularités);

✳ la liste des cadeaux reçus et celle des cadeaux offerts. Cela évite de donner deux fois le même cadeau à la même personne ! Ou, pire encore, de refiler un cadeau à la personne même qui me l'avait donné;

❋ la liste des articles que j'ai besoin de me procurer à l'épicerie. Dès que je m'aperçois que je termine un produit ou que j'ai besoin d'un ingrédient particulier pour faire une recette, je l'inscris sur la liste que je mets dans mon portefeuille. Cela m'évite des allers-retours inutiles ou de commencer une recette pour me rendre compte qu'il me manque le fameux ingrédient en question;

❋ la liste des divers achats que j'ai à effectuer en pharmacie ou en magasin (pour ne pas passer tout droit pour les rabais du moment);

❋ la liste des livres que je veux lire. Si ces livres se trouvent à la bibliothèque, je recherche à l'avance, sur le site de la bibliothèque, les cotes pour ne pas chercher à l'aveuglette, une fois rendue sur place;

❋ la liste des tâches à faire à court et à long terme. Pour éviter de me sentir dépassée par une liste insurmontable, je divise les choses à faire: travail, cuisine, corvées ménagères, choses à faire à l'extérieur, réparations, etc. Je rédige ces listes toujours dans le même carnet, divisé par des onglets, afin de ne pas écrire tout ça sur des bouts de papier qui se perdront au fil du temps…;

* la liste des examens médicaux avec la date (je ne sais pas pour vous mais, moi, je ne m'en rappelle jamais, alors si le médecin me pose la question, je sais où regarder !);

* la liste des réparations sur ma voiture (pour ne pas me faire avoir et payer deux fois pour la même réparation...);

* la liste de tous les événements importants dans ma vie (cela me sert de journal personnel, je note les faits, mais seulement moi sais ce que j'ai ressenti, ce qui s'est dit et ce qui s'est passé... donc, si une personne « tombe » sur ma liste, elle ne verra que des occasions que j'ai notées;

* la liste des livres, des spectacles et des films que j'ai aimés (parce que je déteste ne pas me souvenir du nom de quelque chose et le chercher une soirée durant);

* la liste de mes trucs: pour le jardin, pour cuisiner, pour le nettoyage, etc.

En entrevue, Gregory Charles disait toujours faire des listes dans sa tête — ses chansons préférées, toutes les chansons de tel chanteur, tous les présidents, tous les… — bref, vous connaissez Gregory ☺. Il racontait que cela lui avait même permis de ne pas paniquer lors d'un événement où il avait dû attendre des heures durant, par grand froid, que les secours arrivent…

TRUC : *Étant donné que je travaille surtout de la maison et que je revois très rarement les mêmes clients lorsque je suis sur la route, je n'ai pas besoin de beaucoup de vêtements (je peux porter toujours les mêmes ensembles de travail). J'inscris tout simplement ce que je porte lors de mes rendez-vous afin de porter autre chose la fois suivante, s'il y a lieu.*

Simplifiez l'extérieur

*« La capacité de simplifier signifie
d'éliminer le superflu afin que
le nécessaire puisse parler de lui-même. »*

HANS HOFMANN, peintre allemand

La piscine est un élément qui demande beaucoup d'entretien. Si vous aimez vraiment vous baigner, cela en vaut la peine, sinon il vaut peut-être mieux vous en passer. Des amis bien intentionnés nous avaient donné une multitude de conseils inefficaces que nous avons suivis à la lettre pour nous retrouver, tout l'été, avec une piscine à l'eau douteuse... Ne faites pas notre erreur, renseignez-vous au bon endroit, allez vous faire conseiller dans un magasin qui vend des produits pour la piscine !

Pour nous simplifier la tâche, nous utilisons un filtre qui permet de mettre seulement une cuillerée à soupe de chlore par jour de baignade (au lieu d'une tasse par soir) et qui garde l'eau claire sans toutes les pirouettes habituelles nécessaires. Une amie utilise quelque chose de mieux encore: un système de filtration au sel automatique. C'est un peu plus cher, mais cela fait une tâche de moins à gérer chaque jour, et c'est beaucoup plus écologique.

Après avoir manqué des journées de travail et avoir payé des traitements de physiothérapie à cause du pelletage de cette merveilleuse neige qui fait le bonheur des Québécois, nous avons décidé d'engager un gentil monsieur qui vient déneiger notre belle cour pour une somme, ma foi, très raisonnable! J'aime mieux payer ce monsieur que mon physio! Et je ne me casse plus la tête à regarder la météo avant d'aller me coucher pour calculer le temps qui sera nécessaire au pelletage du lendemain matin!

Pour vous qui angoissez juste à penser au gazon qui attend d'être tondu et qui gâche une partie de votre fin de semaine… il y a des étudiants qui se feront un plaisir d'effectuer cette tâche pour vous pour une somme dérisoire si on considère le fait que cela vous permet de récupérer une partie de votre journée de congé!

TRUC: *Question d'écologie, d'économie d'argent et de bruit la nuit, il est bon de savoir que le filtreur d'une piscine a besoin de fonctionner une dizaine d'heures par jour seulement, cela est suffisant. Une minuterie d'extérieur gérera très bien tout ça pour vous.*

Simplifiez votre mode de vie

« La simplicité de la vie est le signe de la vraie prospérité. »

SWÂMI RÂMDÂS, philosophe indien

Nous entendons de plus en plus parler de simplicité volontaire. Il y a des personnes qui sont pour et d'autres qui sont contre, mais force est d'avouer qu'il y a beaucoup d'avantages à simplifier volontairement son mode de vie (je dis bien « volontairement » et non parce que nous avons des problèmes d'argent…).

Étant tous deux travailleurs autonomes, mon conjoint et moi avons décidé de toujours nous organiser pour vivre en dessous de nos moyens. Nous avons donc choisi une maison plus petite que celle que nous pouvions nous offrir afin de nous assurer de toujours être capable de payer très facilement l'hypothèque, et ce, même si, par exemple, il y avait une année plus difficile où nous aurions moins de contrats. Cela fait en sorte que nous dormons sur nos deux oreilles !

Nous avons également décidé de ne rien acheter « en attendant ». Ni maison, ni meubles, ni objets. Être satisfait de sa vie et heureux, c'est tout de suite ou jamais.

Plus souvent qu'autrement, en achetant des choses provisoirement ou en acceptant des objets ou des meubles qu'une personne bien intentionnée, voulant nous rendre service, nous refile, nous nous retrouvons coincés avec des meubles et des articles que nous n'aimons pas ou que nous aimons moins (ou que nous détestons franchement). Nous endurons ensuite durant plusieurs années, nous répétant que nous avons quelque chose d'autre de plus important ou de plus urgent à nous procurer ou à faire réparer... Éliminons donc ces sentiments négatifs qui minent notre énergie !

L'idéal est d'acheter immédiatement ce que nous aimons vraiment, ce qui est vraiment confortable et pratique pour nous, quitte à être sans fauteuil pour quelques semaines, le temps de ramasser les sous nécessaires à l'achat tant convoité ! Nous sommes maintenant tellement habitués d'obtenir tout de suite tout ce que nous voulons (grâce, entre autres, aux cartes de crédit qui ont la faculté inouïe de nous endetter plus vite que leur ombre…) que nous n'avons plus le plaisir de l'anticipation et le plaisir de la satisfaction d'enfin faire l'acquisition de l'objet rêvé…

Et pourquoi habiterions-nous une maison qui n'est pas à notre goût? Nous devrons payer quand même l'hypothèque (pour une maison qui ne nous satisfait même pas!), et cela nous obligerait à déménager une fois de plus, avec des frais de déménagement qui coûteront les yeux de la tête de surcroît. Pourquoi ne choisirions-nous pas tout de suite un endroit que nous aimons?

Nos horaires ne sont jamais les mêmes, nous travaillons autant le jour, le soir que les fins de semaine et nous sommes souvent sur la route pour le travail. Nous avons donc décidé de nous offrir un style de vie où nous ne passerions pas tous nos temps libres à faire le ménage d'une grande maison ou à faire l'entretien extérieur. Alors non seulement nous avons choisi une maison qui correspondait à nos besoins (par exemple, nous avions besoin d'un bureau chacun) et qui ne demandait pas beaucoup d'entretien intérieur, mais nous avons également choisi un terrain qui était juste assez grand pour nos besoins sans demander toute la fin de semaine pour passer la tondeuse et s'occuper de l'aménagement paysager!

QUESTION À SE POSER : *Choisissez-vous vos objets, votre voiture et votre maison pour bien paraître ou pour répondre à vos besoins réels ?*

Vivre en dessous
de ses moyens

*« Ce n'est pas de gagner gros qui compte,
c'est d'entasser ses petits profits. »*

JEAN FOREST, écrivain québécois

Vivre en dessous de nos moyens est gage de satisfaction. Pour la simple et bonne raison que cela nous permet de nous payer quelques petits luxes (puisque nous n'avons pas à nous serrer la ceinture, nous n'avons pas trop dépensé dans des choses qui ne nous sont pas nécessaires et nous avons économisé l'argent en surplus…). Cette façon de procéder permet aussi aux grands voyageurs de pouvoir se promener de par le monde avec les économies ainsi réalisées.

Tout est une question de choix. Une amie me racontait qu'elle avait choisi de prendre un tout petit appartement, de ne pas avoir de voiture et de marcher le plus souvent possible pour se rendre au travail, de s'acheter seulement les vêtements dont elle avait vraiment besoin et d'économiser ainsi pour pouvoir se payer un voyage au Brésil. Après plusieurs allers-retours dans ce pays qu'elle affectionnait particulièrement, elle a décidé d'aller y vivre durant six mois, une expérience qu'elle a particulièrement appréciée !

Question à se poser : *Pensons-y comme il faut. Vaut-il vraiment la peine de travailler des heures et des heures durant et d'ainsi hypothéquer sa santé, son humeur, sa vie de couple et familiale pour acquérir des objets qui ne nous sont même pas vraiment nécessaires ? Qui ne répondent pas vraiment à nos besoins ? Qui nous apportent satisfaction seulement lors de leurs achats ?*

Les erreurs d'achats

*« Une personne qui n'a jamais commis
d'erreurs n'a jamais innové. »*

ALBERT EINSTEIN, physicien allemand

Combien de fois m'est-il arrivé d'acheter quelque chose pour me rendre compte que ce n'était finalement pas ce à quoi je m'attendais? Des ustensiles de cuisine qui rouillent au premier passage dans le lave-vaisselle au chandail dont la couleur ne va pas à mon teint, que faire avec tous ces articles et ces vêtements devenus inutiles parce que non aimés?

Je vous suggère d'éliminer de votre demeure une chose par jour. N'importe laquelle. Mais é-li-mi-nez quelque chose. Que ce soit un livre de recettes jamais utilisé (vous pouvez les échanger avec des amis ou en louer à la bibliothèque en quantité industrielle sans qu'ils ne se retrouvent empoussiérés sur vos tablettes) ou un bibelot qui n'est pas à votre goût, éliminez sans aucun regret ce qui ne sert pas ou ce que vous n'aimez pas. Vous vous sentirez libérée.

Éliminez également de votre décor les bibliothèques trop remplies d'articles disparates, de bibelots et de livres qui ne vous intéressent plus et de disques compacts que vous n'écoutez plus. Gardez seulement ce que vous aimez vraiment dans un meuble dont les portes ou les tiroirs se referment sur vos trésors. Si vous aimez, par exemple, une seule chanson par disque, vous pouvez toujours, avant d'éliminer celui-ci, enregistrer cette chanson sur votre MP3 ou sur votre ordinateur.

Éliminez également les meubles inconfortables, trop usés, sales, laids ou trop n'importe quoi, qui gâchent le paysage de votre havre de paix !

Votre maison doit refléter ce que vous êtes aujourd'hui, vos goûts et vos aspirations, et être l'endroit où vous pouvez refaire vos énergies et vous relaxer. Comment voulez-vous que cela soit possible s'il y a un fouillis total autour de vous et plein de choses que vous n'aimez pas ?

Si vous gardez seulement les vêtements qui vous sont vraiment nécessaires, il devient souvent inutile d'avoir des armoires de rangement supplémentaires ou de grosses commodes encombrantes dans les chambres… Vous pouvez tout simplement utiliser des cintres et accrocher les chandails aussi bien que les pantalons dans votre garde-robe! J'utilise des paniers pour ranger mes bas et les autres petits vêtements sur les tablettes du garde-robe. Cela fait de l'espace additionnel dans les chambres et donne une impression de calme et de liberté.

Je connais une dame qui payait 200 $ par mois pour entreposer ses meubles en trop (qu'elle prévoyait hypothétiquement donner à sa fille qui allait « un jour » s'acheter une maison). Au bout de trois ans, sa fille lui a doucement fait comprendre que les meubles en question ne l'intéressaient nullement, que ça n'allait pas du tout avec le style de maison qu'elle venait tout juste d'acheter! Que de trouble et de frais inutiles…

La question à se poser est celle-ci: si votre maison passait au feu, est-ce que vous rachèteriez tous les articles qui s'y trouvent en ce moment? N'oubliez pas que moins on a d'objets à entretenir et moins on court les magasins pour en acquérir de nouveaux, plus on a de temps pour visiter ses amis, sa famille, pour la lecture d'un bon livre dans un canapé douillet, pour ses hobbies et pour la préparation de repas succulents! Entretenir une amitié, une relation amoureuse, élever un enfant, développer un talent, faire de l'exercice, cuisiner, méditer, réfléchir, toutes ces activités prennent du temps. Un vieil adage dit: *Le temps n'est pas quelque chose qu'on a, mais quelque chose qu'on prend…*

TRUC : *N'oublions pas que c'est en faisant des essais et erreurs que nous apprenons à mieux nous connaître et à discerner quels sont nos vrais besoins et nos vrais goûts. Avec l'expérience, nous apprenons que nos désirs sont souvent désordre…*

Le pêle-mêle simplifié

« La vie est vraiment simple, mais nous insistons pour la rendre complexe. »

CONFUCIUS, philosophe chinois

Non seulement est-il important de vous libérer de tous les souvenirs négatifs se trouvant dans votre maison, mais il est également important de vous délester de tout ce qui ne vous apporte pas quelque chose d'important. Il est temps de vous débarrasser de toutes les vieilles lettres qui ne vous appartiennent pas (reçues lors d'un héritage par exemple) et de toutes celles que vous ne relirez pas ou qui font partie d'un passé qui ne vous intéresse plus. Éliminez les photos où vous n'êtes pas à votre avantage ou bien toutes celles des personnes que vous ne connaissez pas ou qui ne sont plus importantes pour vous. Faites de même avec les vidéos qui sont sans intérêt pour vous ou mal filmés.

Si vous désirez vous défaire de souvenirs de voyage parce qu'ils prennent trop de place, prenez-les en photo! Chez moi, au lieu de cumuler ces « trésors », je conserve une carte professionnelle ou une pochette d'allumettes de l'endroit visité. Je n'ai qu'à les regarder pour qu'une multitude de souvenirs remontent à la surface. Vous pouvez également faire une liste des événements et lieux parcourus lors de vos voyages afin de vous remémorer le tout.

L'idée de la photo est également géniale pour votre enfant tenant ses dessins dans ses mains! Les dessins d'enfants sont adorables, mais deviennent vite empoussiérés et même moisis si on ne prend pas les précautions nécessaires pour les conserver.

Jetez tous les vieux journaux que vous avez conservés en vous disant que vous prendriez le temps de les lire plus tard. Oubliez ça! Vous n'avez pas eu le temps, les nouvelles sont dépassées et sans intérêt, et il y en aura toujours de nouveaux à lire! Faites de même avec les vieilles revues, les articles qui ne vous intéressaient pas assez pour que vous les lisiez tout de suite et les calendriers des années passées. Il est bien de recycler du papier, mais si vous avez des petits blocs-notes faits maison pour les dix années à venir, il serait peut-être temps d'en jeter une partie et d'arrêter d'en accumuler…

Les draps, housses, rideaux, douillettes et couvertures viennent tous, lors de l'achat, avec un emballage plastique fort utile pour entreposer les articles que vous n'utilisez pas durant l'été. Conservez également ces emballages transparents pour entreposer vêtements, jouets, toutous et souliers.

TRUC: *Nous accumulons rapidement toutes sortes de contenants en plastique et en verre. Les plus petits peuvent servir à apporter vinaigrettes et sauces pour vos lunchs. Vous pouvez en conserver quelques-uns pour la congélation ou pour disposer des aliments très huileux ou malodorants. Ils peuvent aussi être pratiques dans votre atelier pour les retouches de peinture ou autres menus travaux, mais il est inutile de remplir vos armoires de cuisine de contenants dont vous ne vous servez pas! Recyclez, recyclez, recyclez!*

Arrêtez de chercher, j'ai trouvé!

*« Il faut se débarrasser des casse-tête.
On ne vit qu'une fois. »*

CHARLES AZNAVOUR, chanteur français

Combien de fois vous est-il arrivé de chercher une information ou un objet, de faire et de refaire le tour de la maison, en vain? J'ai remédié à cette situation en m'organisant pour regrouper certains objets ensemble. Les modes d'emploi pour tous les appareils, quels qu'ils soient, se retrouvent tous dans le même panier. Tous les fils, chargeurs, adaptateurs, extensions et bidules électroniques sont ensemble, dans le même tiroir. Tous les articles de Noël pourront être récupérés sous l'escalier l'an prochain.

Il peut être intéressant d'avoir un « magasin général » à un endroit spécifique de la maison. Par exemple, vous pourriez y retrouver tous les articles nécessaires au nettoyage de la maison (produits nettoyants, balai, chiffons, seaux et aspirateur). Ou encore, un tiroir où vous retrouverez tous les articles de bureau tels que crayons, effaces, surligneurs, *post-it*, blocs-notes, etc.

J'affiche les informations qui peuvent m'être utiles aux endroits appropriés: près de ma machine à laver, tous les symboles d'étiquettes et leur signification ainsi que les trucs d'entretien des vêtements. Dans mon armoire de cuisine, la durée de conservation des aliments, les substituts possibles d'aliments pour faire les recettes ainsi que les équivalences de température, de poids ou de volume. Le calendrier affichant les dates de ramassage des déchets et du recyclage se trouve près des contenants à recyclage, évidemment! Et ainsi de suite!

J'ai copié l'idée des Japonais et je me suis fait de petits « kits » fort pratiques. J'ai donc un kit avec du papier et des enveloppes ainsi qu'un livre d'adresses pour ma correspondance. J'ai un autre kit pour les cartes d'anniversaire, de condoléances, de remerciements et pour toutes sortes d'occasions qui se présentent souvent à la dernière minute, et un kit pour toutes les garanties que j'ai besoin de conserver en cas de bris. J'ai également un kit pour accueillir tous les papiers reçus au cours de l'année qui serviront pour ma déclaration des revenus.

TRUC : *J'ai pris l'habitude de conserver les factures qui offrent une garantie de trente jours par ordre de date, je les mets tout simplement une à la suite de l'autre au fur et à mesure de mes achats. Une fois les trente jours passés, je les jette.*

Les faux amis

« *Les ornements d'une maison
sont les amis qui la fréquentent !* »

RALPH WALDO EMERSON, philosophe américain

Il y a des amis auxquels vous tenez et ceux dont vous voudriez bien vous débarrasser !

Autant il est important d'accorder assez de temps aux relations qui sont significatives pour nous (celles qui nous apportent affection, soutien, respect et plaisir), autant il est important de minimiser le temps accordé aux personnes qui ne nous apportent pas grand-chose de bon…

Que faire de la personne qui appelle dix fois par jour pour un tout et un rien ? De la belle-sœur qui vous tient au téléphone durant une bonne heure pour vous raconter tous ses déboires et ses problèmes sans même vous demander comment vous allez ? De la collègue qui vous appelle pour potiner sur les gens du bureau? Ne répondez pas au téléphone!

Chassez votre culpabilité! Le téléphone sonne… mais rien ne vous oblige à décrocher! Les gens peuvent toujours vous laisser un message sur le répondeur si c'est une urgence. Vous pourrez, plus tard, et seulement si vous en ressentez le besoin, dire que vous étiez occupée (oui, le lavage, la teinture de vos cheveux, la préparation du repas, le nettoyage de vos vitres et le bain donné aux enfants sont des occupations! Et, non, vous n'avez pas à vous justifier en disant exactement ce à quoi vous étiez occupée à la personne curieuse qui le demande…).

Vous pouvez vraiment inventer n'importe quoi afin d'avoir la paix: vous n'étiez pas à la maison, vous étiez partie faire des commissions, vous étiez dehors et vous n'avez pas entendu la sonnerie, vous aviez de la visite et par politesse vous ne répondez pas au téléphone quand les gens viennent vous voir à la maison, ou vous aviez un travail urgent à terminer. Bref, ce sont des petits mensonges blancs qui ne font pas de mal, qui ne blessent personne et qui vont vous libérer grandement!

Une amie était tout à fait incapable de s'empêcher de décrocher le combiné. Sa curiosité l'emportait sur son besoin de tranquillité. Par contre, elle avait mis au point un système incroyable de défaites pour pouvoir raccrocher le plus rapidement possible: elle devait sortir quelque chose du four, une personne frappait à la porte, une autre l'attendait, elle s'apprêtait à quitter pour un rendez-vous, elle devait garder la ligne téléphonique libre pour un appel important attendu. Bref, elle raccrochait rapidement et retournait à ses occupations !

Une personne de mon entourage était, la plupart du temps, déplaisante et méprisante à mon égard et me parlait sans cesse de tous ses petits bobos (en plus de me décrire en long et en large toutes les maladies de toutes ses connaissances). J'ai réglé le problème en prenant le service de l'afficheur et, maintenant, lorsque je vois son numéro de téléphone apparaître, je laisse, le sourire aux lèvres, sonner, sonner, sonner… En prime, avec l'afficheur, j'évite toutes les compagnies qui font des sondages ou du marketing et qui téléphonent souvent à l'heure des repas pour me vendre toutes ces choses qui ne me sont absolument pas nécessaires…

Plusieurs fois par semaine, une personne téléphonait au mari de mon amie, me racontait cette dernière et, immanquablement, ces appels le mettaient dans tous ses états pour le reste de la soirée… Voulant passer de belles soirées sereines avec son mari, mon amie s'est abonnée au service de blocage d'appels. Maintenant, quand la personne en question téléphone de nouveau, un message lui annonce qu'elle ne peut joindre ce numéro !

Vous avez une amie d'enfance qui est jalouse de vous et qui flirte avec votre mari chaque fois qu'elle vient à la maison? Elle est en compétition perpétuelle avec vous parce qu'elle a une piètre estime d'elle-même? Respectez-vous. Cessez de la voir. Une voisine vous fait des commentaires déplaisants chaque fois qu'elle vous adresse la parole? À l'avenir, ignorez-la. Vous avez mieux à faire.

Une amie n'a jamais le temps de vous voir et n'a pas une minute à vous consacrer pour vous écrire un petit mot ou pour vous parler au téléphone? Si vous ne méritez pas un peu de son temps, cela veut malheureusement dire que votre présence n'est pas assez importante pour elle... Considérez cette personne comme une simple connaissance que vous aurez plaisir à revoir et à côtoyer au hasard de vos rencontres, puis passez à autre chose! À partir de maintenant, consacrez votre temps aux gens qui ont vraiment envie de vous voir!

Une autre vous critique sur ce que vous mangez, sur votre façon de vous habiller, de vous peigner, sur vos passe-temps, sur votre façon de vivre (qui ne nuit d'ailleurs à personne). Est-ce qu'elle vous apporte vraiment quelque chose de bon? Ou si, chaque fois qu'elle vous quitte, vous êtes triste ou en colère contre elle pour le reste de la journée?

Faites le ménage des relations négatives qui minent votre vie petit à petit. Vous y gagnerez en joie de vivre et en sérénité !

TRUC : *Réduisez graduellement le temps que vous accordez aux gens qui ne le méritent pas ! Cela évite les coupures douloureuses ou les explications à n'en plus finir...*

La télévision

« *Pendant qu'on fouille dans la vie
des autres, on oublie la sienne.* »

LOUISE LEBLANC, écrivaine québécoise

La télévision fait maintenant partie de la plupart des foyers. Quand on y pense, cela ne fait même pas 100 ans qu'elle est entrée dans nos vies mais voyez toute la place qu'elle y a prise. Ce petit écran nous permet de nous divertir et d'être informées de tout ce qui se passe dans le monde, et ce, souvent en temps réel. Mais il y a aussi l'envers de la médaille: il est facile de ne faire rien d'autre, des heures durant, que de fixer ce fameux petit écran…

C'est pourquoi plusieurs personnes ont fait le choix de ne pas avoir de téléviseur à la maison. Vous allez me dire que c'est un choix drastique. Que vous ne pouvez imaginer vivre sans télévision chez vous. Eh bien, les gens qui vivent sans téléviseur ont des arguments assez convaincants lorsqu'ils parlent de leur choix: ils économisent beaucoup d'argent (écouter la télévision coûte maintenant, au gros minimum, une quarantaine de dollars par mois, cela représente quand même un bon 500 $ par année avec les taxes qui s'ajoutent à ce montant, et ce, sans profiter d'aucun poste spécialisé), ils économisent beaucoup, beaucoup, beaucoup de temps, ce qui leur permet de se livrer à leurs passions (peinture, lecture, musique, sport, etc.). Et n'oubliez pas qu'ils peuvent lire ou écouter les nouvelles ou des émissions sur Internet, et voir des films au cinéma ou sur l'écran de leur ordinateur!

De plus en plus de gens décident d'enregistrer leurs émissions plutôt que de les regarder en direct. Les diffuseurs n'aiment pas du tout cette façon qu'ont les gens de fonctionner parce qu'il est possible, sur les enregistrements, de passer outre les publicités télévisées. N'oubliez pas qu'une émission qui dure habituellement trente minutes (si elle est écoutée en direct) dure environ vingt-deux minutes sans les annonces publicitaires... Que de temps ainsi sauvé! Aux États-Unis, ce phénomène a pris tellement d'ampleur que les employés travaillant pour divers canaux de télévision croyaient ne plus avoir de cotes d'écoute quand, en fait, c'était tout à fait le contraire… plus de gens écoutaient leurs émissions, mais en différé!

TRUC : *Je n'ai pas beaucoup de temps à consacrer à l'écoute de la télévision mais je ne peux, pour l'instant, me résoudre à m'en passer. Je fais donc le compromis d'enregistrer les émissions que je veux absolument regarder. J'ai un calendrier sur lequel j'inscris les émissions, les documentaires et les films que je désire regarder plus tard en faisant, par exemple, du tapis roulant. Mon enregistreur DVD me permet de programmer le tout pour toute la semaine et, oh, bonheur ! il a un bouton « skip » qui me permet de fuir les annonces.*

Y'a d'la joie !

« *Il faudrait essayer d'être heureux,
ne serait-ce que pour donner l'exemple.* »

JACQUES PRÉVERT, poète français

Lorsqu'on fait du ménage dans sa vie, ce qui est génial, c'est qu'on se retrouve avec beaucoup plus de temps pour faire les choses qu'on aime vraiment. Les petites choses toutes simples sont parfois celles qui nous procurent le plus grand bien: prendre un bon bain chaud, se promener dans un champ de fleurs par une belle journée d'été, caresser un petit chaton, faire un câlin à la personne aimée, rire aux éclats, lire un bon bouquin dans son canapé préféré avec une tasse de thé bien chaud à la main, manger un repas réconfortant, même seul au restaurant, chanter à tue-tête dans la voiture, danser à en perdre haleine dans la maison !

Ginette Reno disait: « Le bonheur, c'est une bonne heure ! » Je trouvais sa remarque tout à fait juste. Il est effectivement rare qu'une journée complète soit exclusivement remplie de bonheur. Il y a toujours au moins un petit quelque chose pour venir nous chicoter un peu. Il faut donc mettre le plus possible le « focus » sur les moments heureux qui ont pavé notre journée.

Il est peut-être temps d'arrêter de nous poser mille et une questions à propos de tout et de rien. Il est peut-être temps d'arrêter de rêver au passé, qui ne reviendra pas de toutes façons, ou à un avenir hypothétiquement plus heureux, et de profiter du moment présent qui est là, prêt à être vécu ! Il est peut-être temps de vivre, tout simplement !

Au lieu de nous demander ce que nous voulons faire de notre vie, commençons par nous demander ce que nous voulons faire de notre prochaine heure ou de notre journée ! Où voulons-nous la passer ? Et… avec qui ? Avec nous-même ? Avec un ami ?

Lorsque les gens se retrouvent soudainement avec plus d'argent, ils s'engagent fréquemment dans plus de dépenses. Et lorsqu'ils se retrouvent avec plus de temps, ils se lancent souvent à corps perdu dans de nouvelles activités !!! Attention, là n'est pas du tout le but !

TRUC: *N'allez surtout pas gâcher les moments de paix et de quiétude que vous venez tout juste de retrouver pour vous surcharger d'activités, que vous rêvez certes de faire depuis longtemps, mais qui vont finir par vous prendre tout votre temps! Le ménage n'aurait alors servi à rien!*

Tourner en rond

« Le chien a beau avoir quatre pattes, il ne peut emprunter deux chemins à la fois. »

PROVERBE AFRICAIN

Nous sommes tellement habituées d'être prises dans un tourbillon de tâches à effectuer, d'activités et de sorties que nous nous mettons à tourner en rond lorsque le calme s'installe… Voici donc quelques idées pour vous détendre et profiter de vos moments libres:

- ✳ lire un bon livre ou une revue;
- ✳ aller vous promener à bicyclette ou en voiture sur les chemins de campagne;
- ✳ écouter des livres audio, des balados ou des méditations guidées;
- ✳ cuisiner tranquillement de bons petits plats à l'avance pour les journées plus occupées;

- ✳ regarder une émission intéressante ou vos émissions préférées en rafale ;

- ✳ souper avec des amis ou avec votre famille ;

- ✳ aller faire une longue marche ;

- ✳ regarder des photos, un atlas, des articles que vous avez précieusement conservés ;

- ✳ écouter de la musique (pour une fois, sans rien faire d'autre !) ;

- ✳ faire de l'exercice, des étirements, du yoga ;

- ✳ jouer au badminton, patiner, vous baigner, bref, aller faire un tour au centre sportif ;

- ✳ aller à votre marché local choisir tranquillement vos légumes frais ;

- ✳ boire un thé dans un salon de thé ou dans un bel hôtel chic ;

- ✳ faire un mandala, du dessin, de la peinture (à numéros si vous ne savez pas peindre), de la poterie, du tricot, des mots croisés, n'importe quoi qui vous permette de mettre votre esprit à « *off* » afin de vous relaxer… ;

- ✳ vous faire une soirée cinéma à la maison avec du maïs soufflé ;

- ✳ faire un casse-tête, du *scrapbooking* ou un bricolage ;

- ❋ fabriquer un collage d'images de tout ce que vous désirez obtenir sur un tableau de visualisation;

- ❋ méditer, prier, faire de la visualisation créatrice, rêvasser;

- ❋ travailler dans votre jardin ou dans vos plates-bandes;

- ❋ rédiger des listes!

Et il n'est jamais, jamais, jamais, au grand jamais, trop tard pour apprendre à jouer d'un instrument de musique, pour apprendre à peindre ou à dessiner des portraits, ou pour apprendre une nouvelle langue!

TRUC: *Montez-vous un dossier rempli d'idées pour les escapades d'une fin de semaine, de quelques jours, ou pour des vacances de plusieurs semaines. Si vous avez éventuellement besoin de repos ou de vous éloigner rapidement et que vous êtes trop pressée ou fatiguée pour faire des recherches, vous n'aurez qu'à ouvrir votre dossier escapade-voyage!*

Cuisiner simplement

« La bonne cuisine est honnête,
sincère et simple. »

ELISABETH DAVID, écrivaine

Cuisiner prend du temps. Beaucoup de temps. Donc, tant qu'à mettre des heures sur une recette, je la fais en double ou en triple afin d'en congeler une partie. Ce sera parfait pour un repas rapidement préparé les soirs où je n'aurai pas envie de cuisiner et cela me permettra de garder une partie de la recette pour le lendemain midi.

Pendant que je prépare le souper, je peux, par exemple, faire cuire du riz à l'avance dans mon appareil à vapeur, que je congèlerai pour les soirs où nous arriverons tard et où nous serons affamés ! Je le décongèlerai alors au micro-ondes ou dans l'eau bouillante, j'ouvrirai une boîte de thon ou de légumineuses et je n'aurai qu'à ajouter une salade ou des légumes pour concocter un repas rapide. Je prépare également des pâtes que je décongèlerai rapidement à l'eau bouillante, et des crêpes salées (farcies aux champignons ou aux épinards et fromage, par exemple) que je n'aurai qu'à mettre au four ou à réchauffer avec un peu de beurre à la poêle.

Je fais très attention pour ne pas garder les aliments longtemps dans mon congélateur ou dans les armoires. J'utilise des petits autocollants pour y inscrire la date d'ouverture des produits ou de congélation des repas et j'effectue régulièrement la rotation de toutes mes denrées.

D'autres petites habitudes peuvent vous faire économiser gros. Il vous reste des champignons que vous allez perdre si vous ne les mangez pas aujourd'hui? Faites-les revenir à la poêle dans un peu d'huile ou de beurre, laissez-les refroidir et congelez-les pour un bon risotto. Vous pouvez profiter des rabais proposés par votre épicier en faisant votre menu en fonction de ceux-ci ou en congelant, pour des recettes futures, les aliments que vous aurez achetés à rabais.

Pour économiser temps et argent, plusieurs personnes ont maintenant pris l'habitude de se réunir, une fois par mois, pour cuisiner les repas et les biscuits, muffins, soupes, du mois entier! Chacun fait une recette pour, disons, trente personnes, puis tout le monde s'échange ensuite un nombre égal de repas ainsi préparés. Cela permet de ne cuisiner qu'une seule fois par mois, de voir ses amis et d'échanger, d'éviter le gaspillage et d'économiser beaucoup de temps et d'argent!

Vous pouvez également décider de vous organiser seul, de cuisiner une fois par semaine, et de préparer ainsi plusieurs repas pour la semaine qui vient. Vous n'aurez alors souvent qu'à faire cuire un ou des légumes pour accompagner votre repas.

Vous perdez toujours la moitié de votre pain parce que la date d'expiration est dépassée avant que vous n'ayez eu le temps de terminer le sac? Lorsque vous revenez de l'épicerie, pensez à congeler tout de suite la moitié de votre sac de pain (pendant qu'il est frais). Cela ne prend que quelques minutes à dégeler et vous pourrez vous faire de bonnes rôties le matin ou, sur le pain encore gelé, faire votre sandwich préféré qui se conservera ainsi au frais jusqu'à l'heure de votre dîner au bureau.

Plusieurs personnes s'empressent d'aller mettre de l'essence dans leur voiture lorsque le besoin s'en fait sentir. Ne croyez-vous pas que l'essence dont votre corps a besoin mérite tout autant, sinon plus, d'attention? Prenez le temps d'apprendre quelques notions de base pour vous concocter rapidement de petits repas simples.

Je ne suis pas une grande cuisinière et je ne connaissais strictement rien à la cuisine avant mes 38 ans! Je vous garantis que si, moi, qui faisais brûler de l'eau, j'y suis arrivée, vous n'avez aucun doute à avoir quant au succès que vous obtiendrez! Vous devrez faire plusieurs essais et erreurs avant la réussite parfaite de vos plats, et alors?

Une sauce béchamel est très facile à réaliser et peut accompagner vos légumes, votre viande, une casserole ou un pâté. La crème anglaise peut accompagner les fruits, les pains dorés et les crêpes lors de votre brunch du dimanche. Il est également simple de faire revenir de l'ail, des oignons et un ou deux légumes dans de l'huile d'olive pour accompagner des pâtes, des vermicelles ou du riz.

Ma toute nouvelle découverte est le risotto. Maintenant que je sais à quel point c'est facile à faire, je m'en prépare pratiquement toutes les semaines! Du poisson cuit à la vapeur ou poché au vin blanc (on laisse tout simplement le poisson cuire dans le vin!), des crevettes ou des pétoncles que vous ferez poêler à feu vif sont rapides et faciles à préparer.

Si vous voulez vraiment vous simplifier la vie et ne rien faire du tout dans votre cuisine, je vous donne le truc d'une amie qui profite de ses visites dans ses restaurants préférés pour demander au chef de lui concocter des repas à emporter qu'elle pourra congeler pour les soirs où elle n'a pas envie de sortir! Elle se retrouve donc avec un frigo et un congélateur remplis de nourriture indienne, chinoise, vietnamienne, japonaise et italienne, et se régale même les jours où elle reste bien au chaud chez elle. Elle achète des repas tout préparés à l'épicerie et rend souvent visite au traiteur du coin. Elle n'hésite pas à débourser de l'argent pour engager un cuisinier qui vient faire le repas à domicile lorsqu'elle invite des gens pour souper à la maison! Il n'y a pas à dire, elle s'est vraiment simplifié la vie!

TRUC: *Vous êtes prise au dépourvu et ne savez pas quoi préparer pour le souper? Quoi de plus simple qu'une omelette! Quelques fines herbes, un légume, du fromage, et le tour est joué!*

Se simplifier la vie dans la cuisine

« Abordez les tâches aisées comme si elles étaient difficiles, et les malaisées comme si elles étaient faciles. »

BALTASAR GRACIÁN Y MORALES, écrivain espagnol

Ma cuisine n'étant pas très grande, j'ai voulu y maximiser l'espace. J'ai donc éliminé tous les appareils, vaisselle et ustensiles dont je ne me servais pas au moins une fois par semaine ainsi que presque tous mes livres de recettes qui prenaient vraiment beaucoup d'espace (je les ai remplacés par un mini-classeur en plastique avec des fiches sur lesquelles j'inscris les recettes que j'ai essayées et aimées et que j'ai l'intention de refaire souvent).

N'étant pas une personne qui aime particulièrement passer un temps fou dans la cuisine, je m'organise toujours pour y maximiser mon temps. Par exemple, si j'y vais pour me faire un bon thé chaud, pendant que l'eau bout et que le thé s'infuse, j'en profite pour nettoyer les comptoirs, pour vider le lave-vaisselle ou pour passer un linge sur une étagère dans le frigo ou sur une armoire... D'ailleurs, parlant de lave-vaisselle, simplifiez-vous la vie: lorsque vous le videz, utilisez votre égouttoir en plastique pour y faire sécher à l'air libre tous les articles en plastique qui n'ont pu sécher comme il se doit.

De petites habitudes peuvent également nous faire sauver un temps fou. Par exemple, rincer tout de suite après utilisation une passoire ou un presse-ail, mettre de l'eau dans le fond d'un verre de jus d'orange ou de lait, ou dans le fond des chaudrons qui risquent d'être difficiles à nettoyer si nous les laissons sécher...

Après avoir eu le déplaisir de devoir payer chèrement un gentil plombier, je vous recommande grandement l'utilisation d'une passoire lorsque vous devez jeter quelque chose, par exemple une soupe, (cela gardera les particules et les morceaux qui risquent de boucher votre évier en laissant passer seulement le liquide).

TRUC: *J'achète des linges à vaisselle, des essuie-mains, des napperons ou des nappes foncés pour m'éviter de frotter interminablement lors du lavage... Vous pouvez également utiliser seulement du blanc, si vous aimez faire tremper vos articles de maison dans l'eau de Javel (que, moi, je déteste mais bon! tout est une question de goût!).*

Le jour de la marmotte

« À quoi serviraient les expériences
sans la perspective de les répéter ?
La vie, au fond, est un nombre infini
de variations sur un même thème. »

ANTONINE MAILLET, romancière canadienne

Il y a des gens qui sont prêts à tout pour se simplifier la vie. Je connais une dame qui fait et refait toujours le même menu. Le lundi, c'est du poulet. Le mardi, de la lasagne. Le mercredi, c'est le même repas que tous les autres mercredis de l'année ! Je sais qu'il y a plusieurs avantages à procéder de cette manière (elle ne se casse pas la tête avec le menu, elle sait toujours ce qu'elle doit acheter pour l'épicerie, elle ne se fait jamais demander ce qu'il y aura pour le souper) mais, pour ma part, je trouverais cette méthode des plus redondantes.

Si vous voulez faire et refaire toujours le même menu pour ne pas vous casser la tête, je vous suggère de vous faire des menus différents (et une liste d'épicerie) pour au moins un mois.

J'ai travaillé avec une collègue qui fonctionnait de la même manière. Tous les employés prenaient des paris à savoir si elle allait, un jour, modifier sa façon de faire. Le lundi, elle était habillée en bleu, le mardi, en jaune, bref, elle avait un « kit » de travail pour chacun des jours de la semaine! De grâce, pour éviter d'être la risée du bureau, assemblez vos chandails et vos pantalons de différentes façons afin de ne pas toujours porter le même chandail avec exactement le même pantalon. En les alternant de cette façon, vous semblerez posséder plusieurs ensembles.

TRUC : *J'avais l'habitude d'oublier immanquable-ment d'arroser les plantes. J'ai donc décidé que le samedi était la journée où je m'occuperais d'elles. Au fil du temps, cela est devenu un automatisme.*

Simplifier son agenda

« Heureux et libre celui qui ose dire non. »

PETER DE GENESTET, écrivain hollandais

Les femmes sont de plus en plus nombreuses sur le marché du travail. Elles sont souvent, malgré elles, devenues des *superwomen* hyperstressées qui ont un agenda rempli à craquer d'activités, de rendez-vous et de projets à terminer. Elles se sentent indispensables et responsables de tout et sont incapables de laisser tomber certaines activités qu'elles jugent indispensables. Je le sais, j'ai déjà été comme ça! Et j'irai même plus loin en vous avouant que plus mes pages d'agenda étaient gribouillées de long en large, plus je me sentais importante! J'étais une femme trrrrrrrrrrrrès occupée, une femme trrrrrrrrrrrrès en demande!

Si vous ne laissez aucun « vide » dans votre horaire, il est certain que vous serez toujours à la course puisqu'il y aura toujours des imprévus qui prendront de la place. Cela vous fera prendre du retard dans votre horaire que vous aviez minutieusement préparé et vous rendra probablement irritable et de mauvaise humeur ou stressée parce que vous aurez l'impression de perdre le contrôle… Cela vous rendra désagréable envers les autres, qui, par le fait même, deviendront désagréables envers vous, et vous passerez une très mauvaise journée ☺. De plus, vous n'aurez aucune case horaire pour vous reposer et prendre du temps pour vous. Prenez donc l'habitude d'espacer vos rendez-vous dans votre agenda, vous serez plus sereine…

Une amie me disait qu'elle devait carrément prendre une journée de congé si elle avait envie de flâner tranquillement dans la maison, de prendre du temps pour elle ou de lire une revue en paix. Le reste du temps, elle était prise dans un tourbillon d'activités à faire (pour les autres, la plupart du temps!). Elle passait ses soirées à conduire ses enfants d'un cours à un autre, à faire l'épicerie et différentes commissions, à préparer les repas et à faire le ménage, à faire les devoirs des enfants avec eux, puis elle allait se coucher complètement épuisée. La fin de semaine? Le tourbillon continuait de s'activer et elle n'avait pas une minute à elle pour souffler!

Un mari se plaignait l'autre jour que sa femme ne cessait de vaquer à toutes sortes de tâches ménagères dans la maison, au point où les membres de sa famille n'osaient plus s'approcher d'elle parce qu'elle leur disait sans arrêt de « s'enlever de son chemin ». Elle était tellement axée sur les tâches à effectuer dans la maison qu'elle n'avait pas le temps de jaser ni de s'asseoir avec les autres à la table, ni de faire un câlin à son mari ou à ses enfants !

Soyons franches… n'y aurait-il pas certaines tâches ménagères qui pourraient être effectuées moins souvent ? Ou pas aussi parfaitement ? Par exemple, les serviettes de bain et les draps ont-ils vraiment besoin d'être pliés aussi minutieusement ? N'y a-t-il pas des activités moins importantes ou moins intéressantes pour nous qui pourraient éventuellement être délaissées ? Est-ce qu'un cours par semaine (plutôt que deux ou trois) ne serait pas suffisant ? N'y a-t-il pas certains engagements que nous avons pris trop rapidement et qui pourraient être annulés ? Ne pouvons-nous pas prendre des moyens pour arrêter de courir et de stresser ainsi ?

Pourquoi nous obliger à nous rendre à des lieux qui sont ennuyeux pour nous ? Pourquoi continuer à faire des activités qui nous déplaisent ? Pourquoi fréquenter encore des gens qui nous emmerdent !!! N'avons-nous pas mieux à faire ?

TRUC: *Ne lisez que ce qui vous passionne, n'écoutez que ce que vous trouvez vraiment intéressant, ne commandez que ce qui vous plaît vraiment sur le menu. Pourquoi vous satisfaire des miettes de la vie?*

Simplifier
son horaire de travail

« Celui qui a déplacé la montagne,
c'est celui qui a commencé par
enlever les petites pierres. »

PROVERBE CHINOIS

Vous allez me dire: « Bien voyons, il faut être réaliste, j'ai besoin d'argent pour payer mon loyer et mon épicerie! » Je suis d'accord avec vous. Mais… peut-être que vous pourriez considérer certaines options qui pourraient alléger quelque peu votre vie au travail (et ainsi alléger, par le fait même, tous les autres secteurs de votre vie).

Serait-il possible pour vous de négocier un horaire flexible? Par exemple, débuter plus tôt le matin pour terminer plus tôt en fin de journée afin de ne pas avoir à passer un temps fou dans la circulation de l'heure de pointe?

Ou, au contraire, débuter plus tard et terminer plus tard si cela vous convient mieux ?

Serait-il possible de travailler une partie de la semaine à partir de la maison tout en restant connectée (et disponible en cas de besoin) d'une façon ou d'une autre à votre entreprise ?

Nous pouvons accomplir souvent le double des tâches en deux fois moins de temps à partir de la maison parce que nous pouvons être longtemps concentrée sans être dérangée par une collègue qui nous parle, par une demande d'aide ou par le téléphone qui sonne toutes les deux minutes ! C'est un argument non négligeable ! Le travail est fait et bien fait, et le patron est satisfait !

Serait-il possible de diminuer le nombre d'heures travaillées ? Depuis plusieurs années, j'occupais un emploi à temps plein dans un bureau. Je suis allée voir le patron pour lui offrir de travailler quatre jours par semaine au lieu de ma semaine régulière de cinq jours. Une employée à temps partiel était tout à fait ravie de travailler une journée de plus, et j'étais ravie d'avoir une journée pour me reposer en plein milieu de la semaine (j'étais en congé le mercredi, cela coupait ma semaine en deux). J'angoissais un peu au sujet de l'argent, me disant qu'une journée de salaire en moins ferait probablement un grand trou dans mon budget. Quelle ne fut pas ma surprise à la fin de l'année lorsque j'ai réalisé que ma paie ayant été plus petite, je payais moins d'impôts qu'à l'habitude et que, grâce à ce montant ainsi économisé, cela n'avait que très peu affecté mon budget habituel!!! De plus, j'avais économisé sur l'essence (qui, avouons-le, a atteint un prix démesuré) pour me rendre au travail, sur le café et le muffin pris à la pause et parfois même sur les lunchs du midi! Bref, j'avais travaillé une cinquième journée pendant des années pour un salaire tout à fait minime…

Il y a plusieurs options à envisager qui pourraient vous faire sauver un temps fou. Un homme d'affaires me racontait qu'il avait choisi de prendre le train pour se rendre au travail. Non seulement il évitait ainsi de conduire dans la dense circulation des heures de pointe, mais il arrivait au bureau frais et dispo pour entamer sa journée. Il me mentionnait que plusieurs hommes d'affaires profitaient du temps passé dans le train pour s'avancer dans leurs tâches en lisant ou en travaillant sur leurs ordinateurs portables.

Des gens de ma connaissance ont accepté une diminution de salaire (plutôt qu'un congédiement) à cause de la situation économique, mais en ont profité pour négocier plusieurs heures par semaine de congé, ainsi que des semaines supplémentaires de vacances estivales, pour compenser leur baisse de salaire. Ces gens n'ont jamais regretté leur décision!

Il y a même des employeurs qui offrent à leurs employés la possibilité de travailler pour quelques années (deux ou trois) à salaire moindre (par exemple 65% de leur salaire habituel) afin de pouvoir profiter d'une année sabbatique complète avec ce même salaire (de 65%)! Un an pour vous lever et vous coucher à l'heure qui vous plaît, pour écrire le livre dont vous rêvez depuis des années, pour peindre des toiles du lever au coucher. Voilà une occasion rêvée pour les économes qui veulent en profiter pour faire le tour du monde pendant une année complète!

Une amie me confiait récemment qu'elle et son mari avaient décidé de vivre plus simplement avec un seul salaire (celui de monsieur) afin de lui permettre de rester à la maison pour éduquer ses enfants. Ce choix soulevait des tonnes de remarques et de questions de la part de son entourage, mais toutes les réactions soulevées par cette décision l'a aidée à confirmer que ce choix lui convenait vraiment. Et tant pis pour les jaloux!

TRUC: *Soyez autonome financièrement. Libérez-vous de vos dettes le plus rapidement possible. Cela vous donnera la liberté de pouvoir dire « non » aux offres et aux projets qui ne vous intéressent pas. Même ceux venant de votre patron!*

Louer pour
se simplifier la vie

Vous adorez les mini-séries telles que *Lost*, *24 heures chrono*, *Monk* et autres, et vous voulez les regarder en rafale la fin de semaine? Êtes-vous vraiment prête à débourser plus de 50 $ par coffret (et encore à 50 $, nous ne parlons pas de la mini-série la plus chère du moment…) pour vous retrouver ensuite avec ce coffret (que vous ne visionnerez plus jamais de votre vie) sur une étagère du salon? Pourquoi n'iriez-vous pas au club vidéo du coin? Pour quelques dollars, vous pourrez tous les regarder sans vider votre portefeuille et sans encombrer votre maison!

Vous désirez être la plus belle le soir du gala? Vous voulez une robe hors de prix pour impressionner la galerie lors du mariage de votre amie millionnaire ? Il existe des services de location de vêtements chics en tous genres et on se fera un plaisir de vous aider à trouver la tenue qu'il vous faut pour votre soirée spéciale. Et vous venez d'économiser gros. Sans compter qu'il serait embarrassant de reporter cette même tenue aussi spéciale lorsque tout ce beau monde l'a déjà vue !

Il y a un nombre infini de services de location que vous pouvez utiliser afin de ne pas encombrer votre maison d'objets que vous ne réutiliserez pas. Vous pouvez louer un outil particulier, un costume pour la fête de l'Halloween, un chalet pour une fin de semaine entre amies ou en amoureux, une remorque pour un petit déménagement, une motoneige, des meubles, des jeux, un chapiteau, des réchauds, des tables ou des nappes et de la vaisselle pour recevoir un grand nombre d'invités.

Les appareils multimédias et les indispensables pour un spectacle sont dispendieux. Si vous ne prévoyez pas vous en servir souvent, il serait peut-être mieux de penser à louer micros, écrans, podiums, consoles et tout le tralala nécessaires à votre événement.

TRUC: *La location peut vous permettre d'essayer quelque chose afin d'être certaine que vous l'aimez avant de l'acheter. Par exemple, vous pouvez décider de louer un instrument de musique pour en faire l'essai et voir s'il vous convient. Vous pouvez également essayer un appareil vous permettant de vous entraîner à la maison et vérifier si cet exerciseur est adapté pour vous et si vous avez vraiment l'intention de l'utiliser régulièrement. Vous n'avez jamais fait de camping et vous hésitez à vous lancer dans l'aventure? Louez une tente ou un motorisé pour une fin de semaine et faites-en l'essai!*

Comment prendre son temps

« Mon passe-temps favori, c'est laisser passer le temps, avoir du temps, prendre son temps, perdre son temps, vivre à contretemps. »

FRANÇOISE SAGAN, écrivaine française

Soyons réalistes. Pour pouvoir prendre son temps, il faut s'organiser pour avoir plus de temps devant soi. Il faut trouver des moyens pour arrêter de courir sans arrêt. Mais comment y arriver ?

De plus en plus de gens profitent des services d'une femme de ménage qui viendra faire les plus gros travaux une fois par semaine, à toutes les deux semaines ou même une fois par mois. Cela vous permet de vous concentrer sur le ménage régulier et de ne pas avoir à vous taper tous les travaux tels que laver les fenêtres, le four, les rideaux, les stores, les dessus d'armoires, bref toutes ces tâches que vous n'avez ni le goût ni le temps d'accomplir !

Si vous avez la chance de faire votre épicerie le jour en semaine ou le lundi, le mardi, ou le dimanche soir (!), vous réaliserez que vous la faites en deux temps trois mouvements parce que vous serez pratiquement seule dans les allées et à la caisse! Sachez que les épiceries reçoivent les nouveaux arrivages le mardi. Vous pouvez également faire votre épicerie par Internet et vous la faire livrer directement à la maison!

Le covoiturage est une option qui peut être très avantageuse pour vous dans certaines situations. Par exemple, si plusieurs parents habitant sur votre rue vont conduire tous les matins leurs enfants à la même école que celle de vos enfants, il serait peut-être temps de songer à échanger « vos heures de taxi » avec tous ces parents. S'il y a cinq adultes sur la rue qui sont prêts à échanger le service de covoiturage avec vous, vous vous retrouverez à aller conduire tous les enfants une seule semaine sur cinq plutôt que tous les matins de l'année scolaire! Avouez que vous sauverez un temps fou! Et les enfants adorent se retrouver entre amis! Vous pouvez également songer à cette option pour les activités parascolaires ou pour les cours suivis par les enfants.

J'ai réalisé que je passais un temps fou dans la salle de bain. Une fois sous l'eau chaude de la douche, je perdais toute notion du temps et je devais ensuite me dépêcher pour me rendre à l'heure à mon rendez-vous. J'ai donc fait l'acquisition d'une minuterie !

Cela peut paraître évident, mais si nous suivons certaines étapes dans l'ordre, cela devient un automatisme qui nous fait sauver beaucoup de temps (par exemple, mettre notre crème pour le visage en premier afin qu'elle ait le temps de bien pénétrer avant d'être rendue à l'étape du maquillage). Utiliser des produits deux en un nous permet d'effectuer une étape de moins. Réviser notre façon de faire et l'ordre dans lequel nous accomplissons les choses peut s'avérer un investissement payant en temps !

Si vous utilisez de la teinture pour vos cheveux, pensez que plus la couleur de la teinture s'approche de la couleur réelle de votre chevelure, plus vous pourrez espacer la nécessité de vous reteindre les cheveux, car votre repousse paraîtra moins et moins vite… Une coupe de cheveux facile à entretenir et à coiffer vous fera également sauver un temps fou. Une connaissance à moi passait plus de deux heures chaque matin à aplatir ses cheveux au fer plat et à se maquiller. Si elle avait une sortie en soirée, elle recommençait le processus à partir du début ! C'était presque devenu un emploi à temps partiel !

Vous n'avez jamais le temps de déjeuner ? Préparez-vous un *smoothie* avec du jus d'orange et des fruits surgelés déjà coupés et buvez-le en vous rendant au travail !

Si vous avez eu la bonne idée de vous préparer des muffins à l'avance, vous en aurez également pour la route.

L'entretien de vos ongles nécessitent-il absolument les frais et les allées et venues chez votre manucure? Ne pourriez-vous pas effectuer vous-même votre épilation à la maison? Le temps sur la route et dans la salle d'attente ainsi économisé pourra vous servir à faire des activités somme toute beaucoup plus intéressantes!

TRUC : *Profitez du temps passé dans votre voiture ou celui passé à faire le ménage pour apprendre une nouvelle langue, écouter un livre audio ou de la belle musique!*

Je commence par quoi ?

« Beaucoup pensent à vivre longtemps,
peu à bien vivre. »

SOCRATE, philosophe grec

Mon conjoint fait toujours ce qui lui plaît le plus en premier. J'ai l'habitude de le taquiner en lui disant qu'il mange toujours le crémage avant le gâteau. J'ai longtemps agi contrairement à cela, c'est-à-dire que je faisais tout ce que je « devais » faire pour, pensais-je, me libérer l'esprit et du temps afin de pouvoir faire plus tard les activités agréables dont j'avais envie.

Eh bien, sachez que j'utilise de plus en plus la méthode de mon conjoint. Et ce, pour plusieurs bonnes raisons… Pour commencer, il y aura toujours quelque chose de nouveau qui se présentera à moi et que je « devrai » faire. Il n'y aura jamais de « plus tard » pour accomplir ce que je veux vraiment faire, parce que le « plus tard » en question est actuellement mon moment présent et qu'il y a

« encore » une nouvelle chose à faire ! Je me retrouve donc à m'attaquer à des tâches qui ne m'intéressent pas, qui prennent tout mon temps, et je deviens de plus en plus irritée parce que mon conjoint fait tout ce qui lui plaît pendant que, moi, j'ai l'impression de me taper tout ce qui est désagréable ! Ce qui n'est absolument pas le cas dans la réalité puisque mon conjoint fait tout ce qu'il a à faire mais quand ça lui chante !

Ensuite, j'ai remarqué qu'en faisant en priorité ce qui me tente, je retrouve ma joie de vivre et mon enthousiasme et que, finalement, j'accomplis toutes mes tâches rapidement, et même ce que je « dois » faire avec beaucoup plus de plaisir ! Tout naturellement, j'arrive à alterner le genre d'activités que j'ai choisi de vivre durant la journée et tout s'enclenche de façon agréable !

TRUC: *Alternez le genre d'activités que vous effectuez dans la journée. Une debout, une assise, une par nécessité, une par plaisir, une rapide et une plus lente.*

Se simplifier la vie, tout court

« L'homme vraiment libre est celui qui sait refuser une invitation à dîner sans donner d'explications. »

JULES RENARD, écrivain français

Un événement m'a marquée au tout début de ma carrière. J'avais besoin d'aide pour déplacer un lourd classeur. J'en demande donc à deux employés qui travaillaient avec moi. Je me mets alors à leur expliquer pourquoi je veux que ce meuble soit déplacé à cet endroit, en y allant de bons arguments en bons arguments. Mais ces deux hommes n'avaient rien à foutre de mes détails! Ils n'avaient absolument pas besoin d'entendre toutes les justifications que je me sentais obligée d'apporter pour venir appuyer ma demande! Ils m'ont gentiment fait comprendre que je n'avais pas à me justifier, que cela leur faisait plaisir de m'aider et qu'ils désiraient tout simplement savoir où je voulais placer ce fameux classeur!

Mais dites-moi donc pourquoi nous les femmes ressentons tant le besoin de toujours tout expliquer? De tout justifier? Est-ce un manque de confiance en nous? Est-ce que nous pensons ne pas mériter ce que nous voulons? Depuis ce jour, j'essaie, dès que je me surprends à me justifier, d'arrêter tout de suite ce processus en me demandant si l'autre a vraiment besoin de savoir tout ce que je m'apprêtais à lui dire. Simplifions-nous la vie (et celle des gens autour de nous, par le fait même) et arrêtons donc de nous expliquer à n'en plus finir!

TRUC: *Arrêtez de parler, souriez et dites:* « *Merci!* ». *C'est tout!*

Les paradoxes

« *Vous avez l'heure,
moi, j'ai tout mon temps…* »

UN NOMADE AU MAROC

Les gens suivent différents cours et séminaires afin d'apprendre à mieux gérer et organiser leur temps pour devenir plus productifs. Cela peut être très bien si ces personnes utilisent les différents outils pour travailler plus efficacement et d'une façon plus détendue. C'est très bien également si cette formation leur apporte plus de temps afin de réaliser ce qu'elles aiment avec les heures en question ainsi sauvées.

Le problème, c'est que la plupart de ces personnes espèrent gagner beaucoup de temps afin de faire de plus en plus de tâches en moins de temps. Est-ce vraiment cela, se simplifier la vie? N'est-ce pas un peu perdre sa vie à essayer de la rattraper?

Combien de fois ai-je vu des femmes stressées courir sans bon sens pour aller se faire masser et pouvoir enfin relaxer… Il y a ici un léger paradoxe. On voudrait aller plus vite afin de pouvoir ralentir un peu plus tard, mais il faut bien revenir à la réalité et accepter le fait qu'on ne peut pas ralentir en allant plus vite!!!

Je trouve qu'il est très bien de vouloir s'améliorer et de vouloir améliorer tous les aspects de sa vie. Mais je me suis rendu compte, à un moment donné, que j'avais lu une quantité industrielle de livres de développement personnel et que je n'avais pas vraiment pris le temps d'appliquer les différentes méthodes proposées dans tous ces livres. J'étais beaucoup trop occupée à tout lire et à m'améliorer!!! Maintenant, avant de continuer mes lectures, j'essaie les différentes techniques que je juge appropriées pour moi afin de voir si elles me sont profitables.

Nous avons maintenant accès à un choix infini de choses à écouter, à regarder et à lire. Si vous passez plusieurs heures par jour à écouter la télévision, à lire des revues à potins ou des journaux, à écouter la radio, eh bien, vous passez ce même nombre d'heures à écouter, regarder et lire à propos de la vie des autres! Ne serait-il pas plus simple de vous occuper de votre vie à vous? De vous concentrer sur ce qui vous rend heureuse et bien dans votre peau? De vous occuper de vos projets à vous?

QUESTIONS À SE POSER : *Sommes-nous face à trop de choix, au point où nous nous cassons la tête à savoir ce qui serait le mieux pour nous, pour notre famille, pour nos enfants ? Y en a-t-il trop au point où, au contraire, nous sommes dépassées et nous ne faisons plus aucun choix pour finalement prendre tout ce qui nous tombe sous la main ? Pourquoi regarder des émissions de télévision qui ne nous stimulent pas vraiment ? Et pourquoi ne pas lire seulement ce qui nous intéresse vraiment au lieu de perdre notre temps à lire des textes qui nous sont complètement inutiles ? Ou, pire encore, qui nous dépriment (comme les mauvaises nouvelles dans les journaux). C'est comme nous mettre à la diète, nous nous sentons plus légères et mieux dans notre peau si nous enlevons tous les aliments malsains, mais il ne faut pas entrer dans la folie avec tout ça. Une revue à potins pour nous aider à patienter dans une file d'attente interminable à la caisse d'un magasin ne fait de mal à personne !*

En conclusion

Lors du décès de mon père, j'ai passé une dizaine de jours à faire le ménage de tous ses papiers (juste de ses papiers!) et à déchiqueter de vieilles factures d'électricité, de téléphone et autres, et de vieux papiers périmés. Il avait tout gardé! J'en ai rempli des sacs et des sacs. J'ai également jeté les calendriers qu'il avait précieusement conservés durant les vingt dernières années avec chaque journée marquée d'un gros X. De grâce, évitez tout ce travail inutile aux personnes que vous aimez! Ne conservez que ce qui est encore valide!

Décidez une fois pour toute de quitter ce monde léger. Vous n'avez pas besoin de vous entourer d'objets et de paperasse pour être heureuse. Repensez aux moments les plus heureux de votre vie... Je peux prédire que vous me parlerez de ce bon repas pris entre amis où vous avez tellement rigolé. Vous me parlerez également de la fois où une personne est venue vous aider, tel un ange descendu du ciel, lorsque vous en aviez vraiment besoin. Vous me parlerez des beaux voyages que vous avez faits. Vous me parlerez de votre premier baiser, de votre premier amour, de vos enfants ! Vous ne me parlerez certainement pas de tous les bidules que vous avez amassés au fil du temps ! Parce que ce n'est pas ça qui est important !

Je vous laisse maintenant sur ce que le Dalaï-Lama a dit au sujet des hommes dans l'humanité et qui résume plutôt bien ma pensée :

« Les hommes…

*Parce qu'ils perdent la santé
pour accumuler de l'argent…*

*Ensuite ils perdent cet argent
pour retrouver la santé…*

*Et à penser anxieusement au futur,
ils en oublient le présent…*

*De telle sorte qu'ils finissent
par ne vivre ni le présent ni le futur.*

*Ils vivent comme
s'ils n'allaient jamais mourir…*

*Et meurent comme
s'ils n'avaient jamais vécu ! »*

Quelques mots sur l'auteure

CLAUDINE TROTTIER sait comment simplifier la vie de ses clientes! Depuis plus de sept ans, elle gère avec brio l'organisation et la planification de conférences en entreprises. Passionnée par l'art de la simplicité et l'organisation, elle applique quotidiennement ses propres trucs dans sa vie quotidienne, ce qui lui permet de s'offrir une vie de qualité, tout en gérant habilement son horaire de travail, en éliminant de sa vie les choses superflues et en s'entourant de beaux objets, simples et utiles.

En côtoyant sa clientèle féminine, elle en vient à un constat: les femmes d'aujourd'hui ont un horaire si chargé qu'elles ne savent plus où donner de la tête! Elles vivent un stress inutile, travaillent à en perdre haleine et cumulent les babioles superflues pour combler leur insatisfaction! Mais saviez-vous qu'il existe un remède à tout cela? Et ce remède existe bel et bien puisque l'auteure le met en pratique tous les jours! Cela fonctionne si bien que parfois les autres en sont envieuses! Mais entre vous et moi, pourquoi être envieuse alors que vous pouvez faire exactement la même chose dans quelques heures, en mettant en pratique ces petites et grandes vérités présentées dans ce précieux traité!

Vous pouvez suivre ses réflexions sur son blogue:

http://simplifier-sa-vie.blogspot.com

Autres ouvrages disponibles chez BÉLIVEAU *Éditeur*

7 *Ingrédients essentiels...*

978-2-89092-352-2

978-2-89092-380-5

978-2-89092-412-3

CINQ BONNES MINUTES
pour renouveler votre vitalité et votre passion pour la vie...

978-2-89092-375-1

978-2-89092-384-3

978-2-89092-401-7

978-2-89092-395-9

Série **VIVRE EN SANTÉ**

Arthrite

Obtenir un diagnostic exact • Acquérir des connaissances sur les traitements disponibles • Maintenir une attitude positive • L'exercice d'une façon sécuritaire et efficace • Trouver du soulagement à votre douleur • Comment s'alimenter pour prévenir ou soulager les symptômes • Moyens sécuritaires et efficaces pour effectuer les tâches quotidiennes

978-2-89092-387-4

Asthme

Mythes courants • Déclencheurs de l'asthme • Nouveaux traitements • La vérité sur l'exercice • Prévenir les crises d'asthme • Parler de l'asthme • Circonstances spéciales pour les enfants, les adolescents et la vie adulte • Votre plan d'action complet contre l'asthme

978-2-89092-377-5

Cancer du sein

Comprendre votre diagnostic • Collaborer avec votre médecin • Dialoguer avec les amis et la famille • Les options de traitement • De la calvitie aux prothèses mammaires • Guérison émotionnelle • Vaincre les effets secondaires • Thérapies parallèles • Trouver des groupes de soutien • Combattre le cancer du sein

978-2-89092-361-4

DIABÈTE

Risques de diabète • Conséquences sur la santé • Établir des réseaux de soutien • Le meilleur exercice pour vous • Réduire le stress • Gestion de la médication • Thérapies complémentaires • Repas à l'extérieur et rencontres sociales • Maintenir une excellente santé

978-2-89092-378-2

MALADIES CARDIOVASCULAIRES

Comprendre votre diagnostic • Collaborer avec votre médecin • Pression artérielle et cholestérol • Le régime DASH • Exercices appropriés • Traitements parallèles • Chirurgie et autres options • Attitude et santé • Réadaptation cardiaque • Vivre mieux que jamais avec une maladie cardiovasculaire

978-2-89092-362-1

MAUX DE DOS

Outils de diagnostic • Collaborer avec votre médecin • Établir des objectifs de traitement • Éviter les charlatans • Prévenir l'ostéoporose • Développer un plan d'exercices physiques • L'acupuncture et les thérapies non conventionnelles • Vaincre le mal de dos

978-2-89092-386-7

MÉNOPAUSE

Mythes courants • Faits inconnus • Dialogue avec les amis et la famille • Des sautes d'humeur à la « pause mentale » • Soulagement des symptômes • Mettez du piquant dans votre vie • La vérité sur la thérapie hormonale • Traitements non conventionnels • Prise en charge de votre santé • Le côté positif de la ménopause

978-2-89092-363-8

PERTE DE POIDS

Objectifs de perte de poids • La bonne attitude • Trucs de régime • Collations santé • Alimentation émotionnelle • Les fêtes et les affaires de famille • S'exercer intelligemment • Trouver du soutien • Aimez la nouvelle personne que vous êtes

978-2-89092-364-5

STRESS

Déclencheurs de stress • Conséquences sur la santé • Surmonter le stress au travail • Manger à cause du stress • Réseaux de soutien • Spiritualité • Exercice • Quand vos êtres chers sont stressés • Le stress chez les enfants et les adolescents • Simplicité • Vos tests de stress personnels

978-2-89092-376-8

Recyclé
Contribue à l'utilisation responsable
des ressources forestières
www.fsc.org Cert no. SGS-COC-003153
© 1996 Forest Stewardship Council

FSC   100%

MARQUIS

Marquis imprimeur inc.

Québec, Canada
2010

Imprimé sur du papier Silva Enviro 100% postconsommation
traité sans chlore, accrédité Éco-Logo et fait à partir de biogaz.